非常之人

20人的历史时刻

张明扬 著

上海交通大学出版社
SHANGHAI JIAO TONG UNIVERSITY PRESS

内容提要

我们所知道的历史形象，也许都只是在历史书写中不断被改造并始终在流变的虚像。本书聚焦20个在大历史中占据重要地位却被今人或高估、或扭曲、或黑化、或遮蔽的人物，如孔子、汉武帝、李广、杨修、司马懿、隋炀帝、宋真宗、元世祖、魏忠贤、年羹尧，通过在史料基础上提供新的观察视角，试图尽可能还原这些对各自时代历史产生了关键影响的人物，也尽可能还原他们所处的时代。

图书在版编目（CIP）数据

非常之人：20人的历史时刻/张明扬著. —上海：
上海交通大学出版社，2019
ISBN 978-7-313-21486-7

Ⅰ.①非… Ⅱ.①张… Ⅲ.①历史人物-人物研究-
中国 Ⅳ.①K820

中国版本图书馆CIP数据核字（2019）第133673号

非常之人：20人的历史时刻

著　　者：张明扬
出版发行：上海交通大学出版社　　　　　　　　地　　址：上海市番禺路951号
邮政编码：200030　　　　　　　　　　　　　　电　　话：021-64071208
印　　制：苏州市越洋印刷有限公司　　　　　　经　　销：全国新华书店
开　　本：880 mm×1230 mm　1/32　　　　　印　　张：9
字　　数：143千字
版　　次：2019年8月第1版　　　　　　　　　印　　次：2019年8月第1次印刷
书　　号：ISBN 978-7-313-21486-7/K
定　　价：58.00元

前　言

但凡看过《三国演义》的，都知道曹操有一个著名的人设：治世之能臣，乱世之奸雄。但这话还真的不是罗贯中发明的，"版权"要归于东汉末年的许劭、许靖兄弟。

许氏兄弟评价曹操的话出自"月旦评"，在每个月的初一，他们二人会召集名士，对天下各路人物进行评点，不虚美，不隐恶，成了那个时代最权威的人物评价标准。

曹操也很喜欢点评人物，在《三国演义》中他与刘备最有名的一次对话大概就是"青梅煮酒"了，那句"今天下英雄，惟使君与操耳"，也成了中国人历史记忆中最激扬的一句知人论世之语。

在曹操口中，袁绍、袁术、刘表、刘璋等人都算不上英雄，那么，他们是什么？

需要一个定义。

在写这本书时，我对于这个定义想了很久很久，在那么多历史重要人物中，除了正面形象的英雄之外，自然还有小人奸臣，但更大多数的恐怕是"非正非邪"之人，我们怎么统称这些人呢？

思来想去，还是《史记·司马相如列传》中的"非常之人"最为精当，所谓"盖世必有非常之人，然后有非常之事；有非常之事，然后有非常之功"。

据说汉武帝听了司马相如这段话之后，激赏不已，在举贤诏书中也借用了这段话，"盖有非常之功，必待非常之人"。

汉武帝自己就是一个"非常之人"。在我这本小书中，我也写到了他。汉武帝是不是一个盖世英雄，见仁见智，部分取决于你的世界观，至少以我的狭隘之见，他不是一个多么伟大的皇帝，如果让我穿越到那个"海内虚耗，户口减半"的时代，我实在不敢。

但我不得不承认，汉武帝是一个举足轻重的"非常之人"，他对中国历史产生了深刻深远的影响，参与定义了什么叫作"汉人"，什么叫作"中国人"。你可以去质疑他，去批评他，但不可以去漠视他，去绕开他。

我在书中写到了 20 个像汉武帝这样的"非常之人"，他们未必每个都像武帝那样"雄才大略"（个人认为是中性词），但却都在各自的时代对历史产生了关键影响，这些影响或许是正面的，或许是负面的，但也有千年后仍然复杂到难以评价，充满争议的。

书里的这 20 个人，未必都有"非常之功"，但即使是"非常之过"，也必待"非常之人"。功过背后，有太多的"非常精彩"，值得我们的"非常关注"。

古人喜欢说"盖棺论定"，但我个人觉得，作为一个历史上的"非常之人"，你就和这个时代的公众人物一样，要被剥夺很多正常的权益，比如，他的棺材板可能永远都盖不下去，要接受后人一代又一代的凝视，无论目光是崇敬的，还是怨怒的。

但无穷尽的凝视绝对不代表什么"翻案"。我对"翻案"这个词严重缺乏兴趣，如果你对历史人物不持有盖棺论定的态度，又有何"翻案"可言？

对于历史人物，我并不反感"道德视角"，一个人上千年来都被说成"奸臣"总是有原因的，古人没有我们想象中的那么迂腐。"道德视角"也参与构建了历史，甚至可以说也是历史本身，比如，你可以认为贾似道不是一个奸臣，但不能否认他在历史上的确被视作奸臣，并且，去研究、去尊重古人的此种"道德感"也是有意义的。

但是，道德视角只是视角之一。我们最终还是要深入历史现场，通过一个个充满矛盾的史料，通过不同时代的后人充满争议的评价，去认真审视那一个个"非常之人"。

这本书里我没写秦桧。按照我个人的理解，秦桧自然是一个奸臣，去翻案纯属为翻而翻。但是，秦桧奸在何处，却是一个值得探讨的话题。在历史上，秦桧反对抗金被过分道德化了，大有主和之人都是奸臣的意思。但如果我们将"和战"视作一个中立的政策选项的话，我们或许可以这么认为，秦桧之奸并不在于主张什么，而在于他为了贯彻他的"主和"意志，利用自己的权倾朝野压制主战者的言论，乃至最后基于莫须有杀了岳飞等人。主和并不天然有错，但主战就活该被杀了？

一个定性没有争议的忠臣奸臣或明君暴君，在某些具体问题上，仍然有可以深入的争议。

争议永远不是问题，我们读历史的目的不是解决争议，而是了解争议，基于自己的思想资源、世界观和个人偏好，建构自己的"月旦评"。

但这一切的前提是，我们要多读书，空口无凭的"月旦评"只是信口雌黄，所以在这本小书中，我不敢让自己已经尽量控制的个人好恶去影响您，附上了一些尽力挑选的参考读物，就是希望我们能够一起阅读，一起思考，一起端正地凝视"非常之人"们。

最后，我想感谢一些人。感谢这本书里供我参考的作者们，没有你们，我一个学术圈外人的写作与信口雌黄无异；感谢一些媒体好友们，"腾讯·大家"的贾嘉和赵琼两位女史，"澎湃·私家历史"的饶佳荣兄，"搜历史"的曲飞兄、"网易历史"的沧浪兄，谢谢你们的鼓励与支持；感谢这本书的编辑樊诗颖，没有你的耐心和春风化雨的压力，这本书还在外太空。

最后还要感谢我的妻子和女儿，没有你们的宽容，就没有这本书。女儿的名字就用典自《为萧扬州荐士表》中的"理尚栖约，思致恬敏"，和这本书很有缘分，也是一句论人之语。不过，我真的不想让她成为一个"非常之人"。

616年　隋炀帝内外交困之下，南迁江都。

812年　魏博节度使田弘正『意外』归顺朝廷。

1008年　宋真宗以天书为名，封禅泰山。

1085年　司马光正式复出，大举废除新法。

1125年　宋将郭药师降金，燕云防线崩溃。

1726年　　雍正令年羹尧自尽。

1765年　　乾隆南巡途中与皇后乌喇那拉氏决裂，原因神秘。

1860年　　咸丰为英法联军所逼，「北狩」承德避暑山庄。

孔子

当皇帝来到孔庙

公元前 195 年

汉高祖以太牢祭孔，

开皇帝亲祭孔子之先河。

孔子十九代孙孔僖接驾汉章帝时表示，

这不是孔家的光荣，

而是皇帝的光荣。

9 月 28 日，自民国以来就被认定为孔子的生日，照例要举行祭孔大典。在海峡对岸，这一天还是教师节。

如果是在雍正时代，孔子诞辰这天，从皇上到全国军民，还要致斋一日，"不理刑名，禁止屠宰"。

在传统中国，孔子之教既是政教的指导原则，也是社会的凝聚力。这一点，不仅雍正很明白，绝大多数帝王也不会不知道，从不断拔高孔子地位，到尊崇孔子后人，再到将孔庙祭祀逐渐升格为国家大典，历朝曾有多位帝王亲临曲阜孔庙朝圣祭孔，足见皇权与孔子的亲密关系。黄进兴先生在《优入圣域：权力、信仰与正当性》中记录了大量此类故事。

即使是素有焚书坑儒之恶名的秦始皇，对孔家也不薄。孔子的第九代孙孔鲋因为"博通六艺"，被秦始皇拜为少傅，据说这还是孔子后裔享有爵封之始。不过，历史上并未有秦始皇祭祀孔子的记录。

汉高祖刘邦对儒家显然没有那么友好，不仅打心底地轻慢儒生，还曾有"尿溺儒冠"的黑历史。但正是刘邦，开了帝王祭孔的先河，更别说，他还亲自到了曲阜孔家。

《史记》中说：高皇帝过鲁，以太牢祠孔子。太牢，就是猪牛羊的意思，在古时是最高规格的祭祀。刘邦封孔

孔子 当皇帝来到孔庙

子的九世孙孔滕为"奉嗣君",黄进兴先生称为"孔家奉祠后裔领有官方身份之始"。

刘邦初定天下,无论他如何看不上儒生的高谈阔论,都无法否认孔子与儒家在现实政治中的影响力,所以他还是去了曲阜孔家。据说刘邦离开后,官场上行下效,"诸侯卿相至,常先谒然后从政"。

在整个西汉时代,孔子所受的政治待遇总体上并未超出刘邦定下的基调,这固然有汉初行黄老之学的缘故,即使是"独尊儒家"的汉武帝,在尊孔祭孔上也没有重大理论突破,按照黄进兴的定义,此时孔子地位只能说是"尊而不贵"。武帝末年,诸侯鲁恭王竟然还制造了为扩建王宫而拆迁孔子旧宅的丑闻,所幸由于在墙壁中惊现秦皇焚书时代所藏的儒家经书(古文经书),才将丑闻变为了奇闻。

无论王莽在历史上名声如何不堪,还是他突破了刘邦留下的尊孔范式,将尊孔提升到了新的高度。在王莽还未称帝时,他就操控西汉朝廷(汉平帝),封孔子后裔为"褒成侯",专奉孔子之祭,孔子后裔的封爵自此开始"世袭化",这也为后世受封的"衍圣公"埋下了最重要的伏笔;同期,王莽还追谥孔子为"褒成宣尼公",这也开启了孔子本人被追封王爵的常态,此后爵位与日俱增。

后世对王莽尊孔争议颇多,这取决于你是如何看待王莽此人。如果你认为王莽是个步步为营的野心家，那么他的尊孔当然是利用孔子的考量多一些，以尊孔增强篡汉的合法性；如果你认为王莽是一个笃信儒家原教旨主义的乌托邦空想家，那么他尊孔也就是一个儒家信徒对教主的顶礼膜拜罢了，他衷心相信尊孔可以庇佑他的复古改制成功。但问题是，在真实历史中，王莽很可能是这两种人格的合体，视情境的不同而特别彰显某一方面。

光武帝刘秀建政东汉之后，虽然在政治上，他是王莽政权的对立面，但在尊孔上，刘秀基本上是王莽路线的忠实追随者，唯恐落于人后，也亲自到曲阜祭孔。而在东汉时代，皇权对孔子也相较西汉热络了许多，除了光武帝之外，汉明帝、汉章帝和汉安帝也均亲赴曲阜朝圣。

这其中，最有名的是汉章帝那次。汉章帝除如刘邦那样以太牢祠孔子之外，还首开祀孔门七十二弟子之例，大会孔家子孙，命儒者讲《论语》。志得意满之余，他对孔子第十九代孙孔僖说："今日之会，宁于卿宗有光荣乎？"谁料孔僖的作答非常不卑不亢，认为这不是给他们孔家的光荣，而是给皇帝的光荣。（"今陛下亲屈万乘，辱临鄙里，此乃崇礼先师，增辉圣德。至于光荣，非所敢承。"）

孔僖此言道破了皇家祀孔的潜在用意，章帝多少可

孔子 当皇帝来到孔庙

能有些尴尬，只得以大度自求排解，"非圣者子孙，焉有斯言乎"。

唐代也是孔子地位全面上升的一个重要时期，孔庙祭祀逐渐进入朝廷礼制，被列为四大国家祭典之一。先是唐太宗，贞观四年（630）下诏将孔庙祭祀从曲阜孔府推行到全国州县，这在祭孔史上是划时代的一件大事，自此孔庙文庙遍布天下，至今仍"香火"不断；而后是唐玄宗，在开元二十七年（739）追封孔子为"文宣王"，孔子从此走上了逾千年的封王之路。

在宋代，孔子的文宣王"王号"被进一步加码，宋真宗加谥其为"至圣文宣王"。尊孔渐渐演化成了一场王朝与皇帝间的文化竞争，宋真宗加谥孔子，儿子宋仁宗则加封孔子后嗣，正是从仁宗时代起，孔家嫡嗣有了"衍圣公"这个过于著名的封号，这个封号一直传袭到民国，至七十七代"衍圣公"孔德成为止——孔德成由于时代变迁，主动要求放弃"衍圣公"，1935年被注重道统的民国政府改封为"奉祀官"，这也正是身在中国台湾的第七十九代嫡孙孔垂长目前所居之位。

进入有轻贱儒生恶名的元代，孔子的地位竟也如秦始皇和汉高祖时一般，被明显更相信藏传佛教的蒙元统治者们所尊崇。元武宗登基仅两个月，就下诏在孔子封号"至圣文宣王"前加"大成"二字，是为孔子后世最有名的封号"大成至圣文宣王",诏书写得如儒家死忠一样,"朕纂承丕绪,敬仰休风,循治古之良规,举追封之盛典,加号大成至圣文宣王"。这也是孔子在历代正统王朝中得到的最高级别的封号,为何要加正统呢?因为西夏曾追封孔子为"文宣帝",大有身居域外、心怀孔圣的悲壮感。

元武宗在诏书中还说了一句挺重要的话,"尚资神化,祚我皇元",还是如前代汉家帝王一样,无论自己对孔子是否有真实感情,总还是特别相信尊孔可以增强本政权的合法性。但到了明朝,事情似乎发生了一些微妙的变化。

先是朱元璋,尽管他没有在明面上放弃尊孔的立场(虽然他因为孟子说过"君视臣如草芥,则臣视君如寇仇"就狭隘地将孟子逐出孔庙),但对尊孔始终有种挖墙脚般的暧昧。洪武元年(1368),朱元璋下令孔子第五十五代孙孔克坚到南京觐见,谁料遭到了孔克坚的称病婉拒,朱元璋当即就回了一封很不客气的笔谕,"尔若无疾称病,以慢吾国不可也"。洪武二年,朱元璋更是下诏废除了自唐太宗时代便通行至今的孔子"天下通祀","孔庙春秋释奠,止行于曲阜,天下不必通祀"。朱元璋这一震惊天下的举动简直是将自己主动置于全体读书人的

孔子
当皇帝来到孔庙

对立面上，因此即使硬挺也只坚持了十几年，到了洪武十五年，又下诏天下通祀孔子。

朱元璋对孔子的打压态度自然不是因为他与孔家的"私怨"，用黄进兴先生在《优入圣域》一书中的说法就是，"志在打击孔庙在文化象征上的普遍意义"，令其无法与政治威权抗衡。

而这一立场也被他的子孙所继承。嘉靖九年（1530），嘉靖帝"悍然"启动了对孔庙与祭孔的改制。除了"毁塑像，用木主""祭器减杀""从祀者一律削爵称"等降格措施之外，对文官集团最有杀伤力的一条是，"孔子不称王"，改称"至圣先师"。也就是说，自唐玄宗时代的"文宣王"开始，到宋仁宗和元武宗的不断"加持"才形成的"大成至圣文宣王"，不能再叫了。嘉靖认为太祖朱元璋的德行功业远高于孔子，他甚至说"王者之名不宜伪称，王者之德不宜伪为"。

对于朱明王朝的打压，无论是文官儒生集团，还是孔家本身，虽不敢与皇权正面对抗，但在私底下却非常不以为然。张岱在明亡之前曾拜谒孔庙，他在《陶庵梦忆》中写道，"庙中凡明朝封号，俱置不用"，暗示孔门对于明朝"废王"的做法深感屈辱。

据说，孔门在私底下还有这样的说法：天下有三大家，一个是代表皇家的"凤阳朱"，一个是代表道教的

"龙虎张"（龙虎山张天师一系），还有一个就是"曲阜孔"。而真正的第一大家其实是两千多年一系到底的孔家。

但"凤阳朱"又怎么甘心呢？黄进兴先生将嘉靖时代的孔庙改制视作"唐初以来孔庙发展的逆转"，"可以显现专职君主如何操纵文化系统的解释，以压制'道统'所象征的制衡力量，并打击文人集团的士气"。

嘉靖朝对孔子孔庙的贬抑，有明一代始终未获"平反"。反倒是到了夷狄之君的大清朝手中，孔子才一举恢复了往日荣耀。

对于清朝此类非汉族王朝，借由尊孔而增强易代及统治合法性的动力本就远较明朝这种汉族王朝要强。清帝希望通过服膺儒家文化突破族群藩篱，以强化"文化意义上的正统"来超越"种族层面上的正统"。

但与同样强调尊孔而文化层次一般的蒙元帝王不同的是，清帝不仅本身就熟读儒家经典，而且可能真的在某种程度上也算得上是孔子的信徒。也就是说，清帝的尊孔固然是"利用"的因素居多，但也部分有"信徒"的真诚。

最典型的是康熙。康熙也曾亲自去曲阜孔庙拜谒，这本身并没有什么特别，前代帝王也有过不少

孔子 当皇帝来到孔庙

次，但请注意，康熙是第一个以"三跪九拜"之礼晋谒孔庙的帝王，还留下了"万世师表"的御笔。对此，作为陪侍官的孔子后人孔尚任觉得是孔家莫大的光荣，拜谒的礼节实为历代帝王所不曾有。在孔家看来，康熙的亲临更算是彻底洗刷了在嘉靖时代所受的政治屈辱。

雍正除了在本文一开始所提到的将孔诞日定为"致斋一日"之外，在尊孔上还多有建树。他在即位的第一年（1723）就下诏追封孔子以上的五代先祖王爵，与嘉靖形成了鲜明对比。雍正曾在一封上谕中点出了他大力尊孔的原动力，"使为君者不知尊崇孔子，亦何以建极于上而表正万邦乎？"，"（尊孔）在君上尤受其益"。

而乾隆晋谒孔庙次数则位居历代帝王之冠，前后曾有九次之多，超过了他最有名的"下江南"。要知道，根据黄进兴先生的研究，历代帝王亲临孔庙的总次数也就三十几次。还有一种说法是，乾隆还将自己义女嫁给了第七十二代衍圣公孔宪培。

但无论清帝如何尊孔，那种道统伸张的状态再也回不去了。但我们还是可以努力不去遗忘孔僖接驾汉章帝时所表现的那种不卑不亢：这不是给我们孔家的光荣，而是皇帝的光荣。

延伸阅读：

《优入圣域：权力、信仰与正当性》
黄进兴著,陕西师范大学出版社,1998 年 10 月版

《皇帝、儒生与孔庙》
黄进兴著,生活·读书·新知三联书店,2014 年 1 月版

《圣贤与圣徒》
黄进兴著,北京大学出版社,2005 年 8 月版

《郊庙之外：隋唐国家祭祀与宗教》
雷闻著,生活·读书·新知三联书店,2009 年 5 月版

孔 子

当皇帝来到孔庙

李广

战神的悲喜剧

公元前 119 年

李广率军在漠北之战中迷路，

引刀自刭。

一个在战场上并无特别建树的话题将军，

最后成了皇帝的祖先，成了诗人笔下的战神，

这分明就是人生大赢家啊！

汉武帝时代本是冤案多发期,太多位丞相死于非命,连皇后卫子夫和太子刘据都被逼自杀。但从中国历史上的热度而言,似乎李广为何封不了侯才是汉武帝时代甚至汉帝国的第一奇冤吧。

"岂非天哉"?

李广少年成名时,汉武帝还没出生。汉文帝十四年(前166),匈奴入寇,李广作为"六郡良家子"(边郡良民)从军,因善骑射,第一次上阵就斩杀匈奴首级若干,被任为汉中郎。汉文帝曾遗憾地对李广说,"可惜啊,你生不逢时,你若生在高祖时代,封个万户侯不在话下!"在汉景帝时代的七国之乱中,李广从周亚夫征讨吴楚联军,勇冠三军夺了敌人军旗,震动了全国。

像李广这么出名的武将,天生热爱战争的汉武帝多半在小时候还会将其视作偶像膜拜吧。因此汉武帝即位后,李广也丝毫没有受冷遇的迹象,还被从边关调到未央宫做卫尉——还有什么比皇宫卫戍司令更能说明受器重程度的呢?

身怀骑射绝技,又顶着帝国骁将的盛名,再加上朝廷的器重,看起来,李广没有任何理由不在未来汉武帝对匈奴的帝国反击战中大放异彩。

但是，结果大家都知道了，李广一共参加了5次对匈奴的大战役，不是无功而返，就是被包围，或者是被俘后逃脱，甚至在大漠中迷路，羞愤自杀，死得不说窝囊，起码不够壮烈。总之，李广在武帝时代的汉匈战争中，没有取得什么值得夸耀的战功。

单纯从KPI考核来看，李广的战功的确够不上封侯，"李广难封"本身并无不公平之处，不要说去和卫青、霍去病这两位战神攀比了，就连李广的儿子李敢都凭战功封了侯。

李广为何封不了侯？历史上比较中立的说法是"运气说"。最权威的信息源大概来自汉武帝本人，他将李广屡战无功的原因总结为：数次出征都因为奇怪的遭遇而无功，运气不好（"以为李广老，数奇，毋令当单于，恐不得所欲"）。

无论是古代还是当代，运气说可能都算是李广问题上的主流价值观了。我们习惯带着悲悯之心对李广报以极大的同情，把他视作大志难伸的悲剧英雄。

汉武帝偏袒卫霍？

在"挺李派"司马迁看来，"李广难封"自然也有"岂非天哉"的因素，但主要责任应当由汉武帝本人承担。司马迁在《史记》中专门为李广辟了《李将军列传》,饱含深情地为李广各种鸣冤叫屈。司马迁有意无意地暗示,汉武帝力捧、偏袒的是卫青、霍去病这些"外戚系",把最好的装备、马匹、士兵都优先配备给卫霍,把最有可能取得战功的仗都优先留给卫、霍去打,帮助卫、霍创造了战争神话。而李广呢,虽然说不上被汉武帝和卫、霍打压,但也并不是汉武帝心目中的战争主角,更准确的定义是"辅助性力量"。

台湾的吕世浩先生在《从〈史记〉到〈汉书〉:转折过程与历史意义》一书中相较司马迁又激进了许多,"然李广终生不得封侯,何故?因为武帝重用将领,首先考虑的不是才能卓越,而是亲近爱幸"。

吕世浩认为,汉武帝"其所亲幸者,无论表现如何,必定一再给予机会。反之,非其所亲幸者纵然才气天下无双如李广",也会命令他走容易迷路的路线,不给他有建功的机会。按照这种说法,李广难封,是汉武帝的有意为之。

已故的台湾史学大家逯耀东先生也算是"挺李派"。他在《抑郁与超越:司马迁与汉武帝时代》一书中更是写道,卫青、霍去病所有的功绩,都是由以李广为代表的"六郡良家子"冲锋陷阵的血泪凝成,"司马迁似有意以李广一生的际遇,说明以六郡良家子从军形成的军人,虽然他们在讨伐匈奴的战争中,取得过许多不可磨灭的贡献,但却没有获得应有的尊敬";"武帝虽有讨伐匈奴雪耻复仇的决心,然其择将帅,凭一己之偏,擢自恩幸柔媚之中,是故(李广)'建功不深'"。

但我们有理由推断,司马迁如此力挺李广,除了出于反感"外戚系"的价值观层面之外,也可能和他与李广之孙李陵交好有一定关系。即使如司马迁这样惊才绝艳的一代史家,在写到"当代史"时,也很难一点不被个人好恶和政治立场所影响。

只是单挑之王?

所以,除了运气不好之外,李广本人真的对"难封"没有一点责任吗?

对此,一种或许有些促狭的说法是,李广的盛名更多是来自个人武勇,他的骑射能力的确是第一流的,早年传世的那些战功都是类似斩将夺旗这样个人英雄主义的,但却看不出李广有任何率领大兵团作战的才华。李广带兵作战的代表作似乎仅仅是带领"百余骑",成功地将匈奴数千骑兵"诈走"。都看清楚了吧,是"百余骑"。更何况,李广带兵素有管理松散、纪律不彰的名声,行军无部伍编制和行列阵势,扎营时连敲锣巡更的人都没有。

因此，当李广进入汉武帝时代的大兵团作战模式，就显得进退失据、百般不习惯，"老革命遇见了新问题"，五次战役中有四次独领一军竟无一次胜利就是证明。黄朴民先生在《历史的第三种读法》一书中更是相当辛辣地写道，"一个残酷的事实是，李广只是一名斗将，而非真正大将之才，他明显缺乏战略战役指挥上的大智大勇，尤其不善于指挥大规模骑兵集团远程奔袭、机动作战。而这一点正是身为汉武帝时代高级将领的致命弱点，也是他一生不得封侯的最主要原因"。

简单地说，李广单挑很行，但率大军打仗不太行。

军事改革的落伍者？

我总觉得上述的说法还是偏于简单化，有点过于纸上谈兵的意味。对此最新也是最有深度的解释来自李硕先生的著作《南北战争三百年》。我猜，李广若看了，可能也会先是拍案叫绝，继而羞愧莫当，将李硕引为隔代净友。

李硕认为，李广之"败"不能单纯归咎于他个人，其实源于战略战术落后了一个时代。卫青、霍去病率先在汉军中发起了"骑兵战术革命"：不与匈奴人较量他们擅长的远距离骑射，而是把中原步兵擅长的正面集团冲锋战术移植到骑兵身上,用肉搏冲锋战抵消掉匈奴人的骑射优势。

正面集团冲锋战术需要的是高度严明的纪律和对高伤亡率的容忍,而这恰恰是松散部落制的匈奴人所缺乏的,也是纪律松散的李广部队所缺乏的,更何况,擅长骑射的李广也很难"自我革命"。李硕写道,"卫青、霍去病已做出表率,几乎所有的汉军骑兵都接受了步兵坚忍、血腥的冲锋肉搏战术时,李广仍然迷恋着他已经艺术化的骑射本领,不甘忍受军事纪律和组织的约束,最终以失利自杀结束了其充满争议的一生"。

李硕甚至对司马迁也颇有微词,"司马迁对李广的同情和推崇,几乎遮蔽了卫、霍骑兵创新的功劳,以致中国军事史上的这次革命性转型几乎少有人注意"。

我再概括一下李硕的意思,在卫青、霍去病的"骑兵战术革命"后,李广已过时了,并且还故步自封拒绝改革,最终被时代所抛弃。话风听起来,是不是像极了鸦片战争后,八旗骑兵仍然沉迷于冷兵器骑射的状态?

大唐皇帝的祖宗?

李广因大军迷路失期而自杀身亡后,李广家族像是一个百年孤独的家族一样,陷入了三代人的神秘厄运中。

先是小儿子李敢。李敢在父亲自杀后，认为给李广挑选了行军路线的卫青负有不可推卸之责任，就"击伤大将军"。一向低调的卫青没有声张此事，但外甥霍去病得知后，决心为舅舅报仇，在甘泉宫狩猎中射杀了李敢。

再是孙子李陵。李陵的故事过于有名，就不多说了，李陵投降了匈奴，全家老小都被汉武帝诛杀。李广家族至此也名声扫地，陇西一带士人都以李陵不能死节而累及家室为耻。

但神奇的是，犹如被诅咒一般的李广一族却在魏晋乱世中一举兴起，"陇西李氏"成了那个时代可以与清河崔氏、范阳卢氏、太原王氏等大族并称的高门，其间甚至还出了一位皇帝：西凉太祖李暠，自称李广的十六世孙。

到了隋唐时代，背景神秘的李渊家族也自托为"陇西李氏"，将李广视作先祖。

就这样，一生没有封侯运，且身后儿孙命运凄凉的李广一下子成了两朝皇帝的祖先，大唐皇室的认祖归宗更是成为李广家族的荣耀巅峰。

或许就是出于追捧"本朝"先祖的原因，李广的形象在唐朝得到了极大的"神化"，李广成了唐朝大诗人笔下的头号战神。王昌龄在《出塞》中写道"但使龙城飞将在，不教胡马度阴山"；王勃在《滕王阁序》中感慨"冯唐易老，李广难封"；卢纶在《塞下曲》中写道"林暗草惊风，将军夜引弓。平明寻白羽，没在石棱中"；高适在《燕歌行并序》中写道"相看白刃血纷纷，死节从来岂顾勋。君不见沙场征战苦，至今犹忆李将军"。

念及此，您还认为李广是一个悲剧人物吗？一个在战场上并无特别建树的话题将军，最后成为皇帝的祖先，成为诗人笔下的战神，这分明就是历史级的人生大赢家啊！

延伸阅读：

《南北战争三百年：中国4—6世纪的军事与政权》
李硕著，上海人民出版社，2018年1月版，

《抑郁与超越：司马迁与汉武帝时代》
逯耀东著，生活·读书·新知三联书店，2008年12月版

《从〈史记〉到〈汉书〉：转折过程与历史意义》
吕世浩著，台湾大学出版中心，2009年12月版

《历史的第三种读法》
黄朴民著，江苏人民出版社，2017年12月版

汉武帝

悬崖边的罪己诏

公元前89年

刘彻颁布《轮台诏》，

汉帝国对外停战。

汉武帝、秦始皇和隋炀帝最大的共通点就是，
每个人都可谓雄才大略，但都非常不善于自我
节制，任由开边欲望无穷蔓延。

西汉征和四年（前89）六月，六十八岁的汉武帝刘彻颁布了可能是中国历史上最有名的"罪己诏"——《轮台诏》。

在与匈奴进行了长达43年的战争之后，汉武帝终于痛苦地接受了这一事实，彻底降服匈奴是一项不可能完成的任务，汉帝国已无力再战。

汉帝国此时已陷入风雨飘摇之中。两年前（前91），发生了震惊天下的"巫蛊之祸"，遭构陷而被迫发动政变的太子刘据兵败自杀，皇后卫子夫闻讯后也以死明志；仅仅一年后（前90），汉武帝后期最倚重的将领大将军李广利阵前投降匈奴，几乎宣告了刘彻武力解决匈奴问题的最后破产。

除了政治和军事上的双重挫败之外，刘彻此时也败光了"文景之治"积攒了几十年的丰厚家底，《汉书》中的说法是"海内虚耗""天下户口减半"。

按照《资治通鉴》的口径，在《轮台诏》颁布之前的三个月，汉武帝在泰山的封禅仪式上，据说还曾做过比《轮台诏》更为深刻的自我批评："朕即位以来，所为狂悖，使天下愁苦，不可追悔。自今事有伤害百姓，糜费天下者，悉罢之。"

在司马光看来，汉武帝所为已无限地接近了秦始皇的暴政（"异于秦始皇者无几矣"），因此给了汉武帝一连串负面的四字评价，"穷奢极欲，繁刑重敛，内侈宫室，外事四夷，信惑神怪，巡游无度"。如果不是"晚而改过"的《轮台诏》，汉武帝岂能"有亡秦之失而免亡秦之祸"？

但无论如何，正是在司马光的笔下，汉武帝才被加倍赋予了晚年幡然悔悟的政治形象。对此，史学界直至近几年还存在着诸多争议。辛德勇先生在《制造汉武帝》一书中指出，司马光刻意强化汉武帝晚年改过是带有现实政治意图的，是为了和王安石"富国强兵"的变法唱对台戏，隐隐有讽喻赵宋天子"改过"、早日与变法切割的意思。

陈苏镇先生在《〈春秋〉与"汉道"：两汉政治与政治文化研究》一书中更是认为，《轮台诏》"并未全盘否定武帝数十年的开边事业，更未否定其全部事业"，他在诏书中真正痛悔的其实仅仅是前一年（征和三年）的李广利征伐匈奴一役；《轮台诏》也不意味着武帝改变了原来的开边国策，"他只是推迟了征服匈奴的时间，放慢了经营西域的节奏"。

或许可以这么说，汉武帝直至去世（前87，《轮台诏》颁布之后两年），也不会真正对其一生的"赫赫武功"有所追悔，他悔悟的只是那些非原则性的细节，比如信错了李广利这个叛贼，以及发动战争的节奏没有把控好罢了。

汉武帝十六岁登基,在位五十四年,执政的大多数时间都是烽火连天,东并朝鲜、南吞百越、西征大宛、北破匈奴,基本和周边打了个遍。从某种程度上而言,汉武帝和乾隆是定义今日中国疆域最重要的两位皇帝,前者如范文澜所说"为现代中国的广大疆域奠定了初步的基础",后者则有收官意义。

汉武帝无疑是有好战倾向的。置于古代的历史情境,如果不是持如司马光那样偏执的和平观的话,汉武帝的战争本身,无论是从道义上而言,还是从政治需要而言,或多或少都是有一些理由的,用负面意义过强的"穷兵黩武"来定义可能是附加了过多的现代人情感。

但是,我还是想把"穷兵黩武"送给汉武帝,战争本身可能是中性的,但整个统治时代几乎一直贯穿着战争却是难以为之辩护的。汉武帝、秦始皇和隋炀帝最大的共通点就是,他们其实每个人都可谓雄才大略,但都非常不善于自我节制,无视国力民力的极限,任由开边欲望无穷蔓延。

比如秦始皇,孤立来看,秦始皇做的每件事都不缺乏适当理由:北伐匈奴、南征百越、造长城、凿灵渠,修"驰道",大多都是国家不得不做之事。可叠加起来,就变成了滥用民力国力的"暴秦"。很简单,就算统一了全国,但强如大秦帝国也有民力和国力的"硬约束"。超出能力所及，去谋求大有作为，就必然会出现崩盘式的大问题。更何况，秦始皇做事是马不停蹄，一件大事接着一件大事，毫不考虑成本和休养生息的问题，再富强的国家最后都会被耗尽。

再比如隋炀帝，修大运河、伐吐谷浑、征高句丽，一代人想干完几代人的事情，结果比秦始皇更惨，任内就遭遇了帝国覆灭。

汉武帝又何尝不是如此呢？他给我的最大感觉就是，不把国力耗到崩溃边缘，不把民力使用到极限，不把战争打到四面开花、难以为继，他是不会停下征伐脚步的。

就汉匈战争而言，虽然全过程汉武帝都是在"以本伤人"，享受着杀敌一万自损八千式的胜利，但其间的确是有见好就收的时间窗口的。元狩四年（前119），在毕其功于一役的漠北战役中，匈奴主力实际上已经被卫青、霍去病重创，出现了"匈奴远遁，漠南无王庭"的大好局面，汉高祖"白登之围"的百年耻辱之仇连本带利地报了，匈奴再也无法对汉帝国构成实质性军事威胁。

汉武帝如果在此时结束战争，不纠结于他在真实历史中追求的那种对匈奴问题的"彻底解决"，就等于将《轮台诏》提前了整整三十年，汉帝国有了这三十年的休养生息，又何至于出现汉武帝后期的"海内虚耗""有亡秦之迹"？

如此，汉武帝的历史评价也不至于那么充满纠结，在暴君与"汉武大帝"两个极端间摇摆。

甚至汉武帝的直系子孙都心情复杂地审视着这位"大帝"。武帝去世后没几年，在汉昭帝始元六年（前81）召开的盐铁会议上，从民间来的贤良文学就试图全面否定武帝时推行的各项经济政策；汉宣帝即位后的第二年（前72），围绕祭祀武帝要不要增加庙乐，大汉朝廷又一次发生了分裂，大臣夏侯胜激烈地攻击了武帝，"人民相食"，"无德则于民"，宣帝大怒将夏侯胜下狱，但之后迫于数百儒生齐跪要求从轻发落的民意压力，又特赦夏侯胜出狱；汉哀帝时，朝臣甚至因为武帝过失太大，建议其庙"宜毁"，尽管最后保住了宗庙，但哀帝在争议中竟然一度持中立立场。

汉武帝曾有一段针对匈奴，激进程度堪比"虽远必诛"的发言，"寇可为，我复亦为；寇可往，我复亦往"。作为中国历史上著名的"大有为"之君，汉武帝最大的问题可能就是不知道"有所为，有所不为"，只知道一味强横，不知道见好就收。在这一点上，他远远不如自己的子孙——光武帝刘秀。

公元45年，西域诸国主动上书要求"内附"，希望东汉政权能够出兵西域，否则他们就只能被迫投靠匈奴了。谁料刘秀对开疆拓土大好良机不为所动，明确拒绝称，"今使者大兵未能得出，如诸国力不从心，东西南北自在也"。战争年代的刘秀是亲冒矢石的马上天子，论打仗比汉武帝更有发言权。但统一天下之后，那个昆阳之战中带着几千精锐就敢朝着新莽 43 万大军冲锋的军事冒险家，迅速投身反战主义阵营，"未尝复言军旅"，还发出"吾理天下，亦欲以柔道行之"的和平宣言。

鲁西奇先生在《何草不黄》一书中写道："武帝的人格力量是超乎寻常的，以帝王的威权与强大的国家资源，去成就丰功伟业，固然不容易，而更困难的却是承认自己的错误，甚至是否定自己的丰功伟绩，这种否定所需要的勇气和力量，远远大于创建丰功伟业所需要的勇气和力量。"

所幸，在悬崖边缘，汉武帝为汉帝国，也为自己，抓住了最后的时间窗口。

田余庆先生在名文《论轮台诏》中曾写道："轮台诏能够奏效，是由于它颁行于局势有可挽回之际，而且有可挽回之方。"

但是，罪己诏却远不是一个可以效仿的政治工具，正如田余庆先生所言，"汉武帝虽然提供了专制帝王收拾局面的先例，而直到有清之末为止的王朝历史中，真能成功地效法汉武帝以'罪己'诏取得成效的皇帝,却不多见"。

延伸阅读:

《制造汉武帝》

辛德勇著,生活・读书・新知三联书店,2015 年 9 月版

《何草不黄——〈汉书〉断章解义》

鲁西奇著,广西师范大学出版社,2015 年 6 月版

《秦汉魏晋史探微》(重订本)

田余庆著,中华书局,2011 年 6 月版

汉武帝 悬崖边的罪己诏

杨 修

世家子弟的政治豪赌

219 年

曹操死前百余日,杀杨修。

在曹操心中，或许是认为他在世还可以压制杨修，而他死后万一曹丕曹植兄弟纷争，曹丕未必有能力对付得了杨修，因此必须提前动手。

在三国这么多风流人物中,最应该感谢电视剧《军师联盟》的就是杨修了,多少算是平了一次反。

公众知道杨修基本缘于《三国演义》,可他在书中的形象实在有点不堪。在《三国演义》中,杨修是个聪明外露的好事者,为人高调,夸夸其谈,总是忍不住炫耀自己的才华,依靠小聪明屡屡道破曹操的小心事,最终因为解密"鸡肋"而引发了嫉贤妒能的曹操的杀机。

总之,在大多数人眼中,杨修的死因是聪明反被聪明误,这个小人物除了有点猜灯谜一般的语文急才之外,在三国政治舞台中没有任何存在感。说白了,这么不低调的大嘴巴,搞政治还不是作死?

因此,当公众看到《军师联盟》时,对司马懿固然有了一个新的认识,原来司马懿不只是那个惧怕与诸葛亮交战的阴险老头;而对杨修的印象,则更是一次彻底的洗脑,原来杨修不是那个只会耍嘴皮子的边缘历史人物,而是一个用智谋诡计差点改变曹操继承人的大人物。

当然,《三国演义》并没有说错,杨修的确是一个有急才的聪明绝顶之人,《世说新语》的"捷悟篇"前四条就是杨修的个人专场。不过,都还是我们固有印象中杨修那些最擅长的文字游戏,比如别人送曹操一杯奶酪,曹操吃了一点,就在盖子上写了"合"字,众人大惑不解,杨修解释说："主公让我们一人吃一口。"（合，拆字为"人""一""口"）

但与《三国演义》相比，《军师联盟》中的杨修更接近历史中的那个出入风波里的杨修。真实的杨修，或许没有电视剧中那么潇洒倜傥、玩弄朝局于股掌之间，但一定是一个与三国大历史攸关的大人物。

杨修这一生的风云际会与命定悲情，大可不必像编年史一样罗列叙述，其实都在"杨修之死"中了。

谈及杨修之死，最需要被澄清的就是，杨修既不是死于解密"鸡肋"的言多必失，也与曹操的嫉才无关。《三国演义》中关于杨修之死的时间、地点以及死因，全部都是错的。

从曹操一生的言行来看，大体上算是一个宽宏大量之人，有收纳降臣降将的格局，更有烧毁大臣与袁绍来往书信的器宇。像张绣和贾诩这种杀了他大儿子曹昂、侄子曹安民和爱将典韦的仇敌，曹操不也还是忍了？

如曹操这样雄才大略、唯才是举之人，又怎么会因为嫉妒一个手下的文学侍臣而痛下杀手，而原因仅仅是这个人有点急才、屡屡说破自己的心事？曹操曾公开宣称，只要有才，哪怕你曾受人贿赂，或者与嫂子私通，他都毫不在意、举手欢迎。怎么偏偏对杨修，他就突然变得忌才敏感小心眼了？如此浅薄的杀人动机，等同于将乱世之奸雄的气量和格局拉低到比袁绍、袁术这些人还不如，应当算是对曹操很严重的人格侮辱吧。

更不要说，《三国志》对杨修的定性是"谦恭才博"，一个"谦恭"之人，又怎么会无缘无故地去犯那些聪明外露、炫耀才华的低级错误，凭空惹来杀身之祸？

政治人物的杀人缘由，也应当是从政治中来，到政治中去。

《军师联盟》里说得没错，杨修是曹操丞相府的主簿，是曹植阵营的人。甚至死因也没说错，杨修的确是因为陷入了曹操的立储之争而被杀。在历史上，除了丁仪兄弟之外，杨修是曹植在储君之争中最重要的三大谋臣之一。而司马懿，尽管此时也是曹丕身边的人，但在立储之争中的存在感却远远不如杨修。

曹丕被立储的时间是建安二十二年（217），而杨修被杀则是建安二十四年（219）秋，其间相隔了两年多。可能是为了强化杨修之死对于立储之争的"决定性意义"，《军师联盟》刻意将杨修被杀放在了曹丕立储之前。

杨修死前，也曾留下"我固自以死之晚也"的遗言，认为自己早就应该被杀，这两年算是多活了。杨修心里很明白，在 217 年曹操立曹丕为魏国太子之后，他作为落败一方曹植的重要谋士，就注定难逃一死了。

裴松之在《三国志》中的注解中说得更白了，"公（曹操）以修前后泄露言教，交关诸侯，乃收杀之"。被交关的"诸侯"是谁，除了曹植还有谁？当然，这也算是借口了，"交关诸侯"不是重点，交关了一个在立储之争中落败的诸侯才是致命之处。

而曹操杀杨修的时机则很值得玩味。曹操去世于建安二十五年（220）正月，死前百余日，他杀掉了杨修。虽然曹操无法准确预测自己的死期，但此举仍然带有死前为曹丕翦除异己，保证储君顺利接位的意思。

而杨修被杀这一年，曹魏政权正受困于内忧外患。在外，曹操接连遭遇了两场严重的军事挫败：先是刘备迫使曹操撤退夺下汉中，后有关羽水淹曹军俘获于禁。在内，魏国的都城邺城竟发生了一次震动天下的叛乱事件，大臣魏讽暗中联络了一批文武官员，准备一举攻占邺城，所幸因起事前被告发而事败，否则后果不堪设想。

因此，曹操在这个时间点杀掉杨修，也有在紧急状态下，快刀清理一个内乱祸源的用意。

曹操杀杨修，自然有忌惮杨修的权谋与才华这一层意思，《三国志》中说"太祖既虑终始之变，以杨修颇有才策"。在曹操心中，或许是认为他生前还可以压制杨修，而他死后万一曹丕曹植兄弟纷争，即所谓的"终始之变"，曹丕未必有这个能力对付得了杨修,因此必须提前动手。

读到这一段,熟悉日本战国史的人,可能会想到德川家康在去世前一年,不辞辛苦地出兵干掉大阪城的丰臣秀吉之子丰臣秀赖,也是出于和曹操类似的考虑,不将祸害遗留给子孙。

但是,曹操如此忌惮杨修,急欲杀之而后快难道就没有其他更深层次的原因吗?一个颇值得玩味之处是,曹操并未杀掉丁仪兄弟,这两人的权谋机变未必就比杨修少,在曹植集团中的地位甚至比杨修还要高。

这个隐藏的原因,《军师联盟》并没有涉及,史书倒是在隐微难言中道出了一些有开放性的真相。

曹操在杨修死后,曾写信给杨修的父亲杨彪解释原因,"足下贤子恃豪父之势,每不与吾同怀"。这句话的重点除了曹操认为杨修不与自己同心同德之外,还有两个字——"豪父"。

身为太尉的杨彪固然称得上"豪父",但这位汉魏易代之际的汉室忠臣在朝中早已因与曹操不睦被边缘化,曹操对父亲杨彪尚且说不上忌惮,就更别提儿子了。

但问题是,"豪父"只是个幌子,杨彪父子背后是一个势力庞大、声名远扬的显赫家族——弘农杨氏。也就是因为这个,曹操在杀杨修之后,还专门写封信给杨彪,

杨修

世家子弟的政治豪赌

多少想修补点与弘农杨氏的裂痕。

正是在汉末，杨震、儿子杨秉、孙子杨赐以及曾孙杨彪，联手贡献了中国官场文化的巅峰之作：四世三公。没错，就是袁绍、袁术兄弟吹了一辈子的"四世三公"。

在东汉中晚期及曹操时代，弘农杨氏与汝南袁氏一起，是在政治上最为成功的两个世家大族。更巧的是，弘农杨氏和汝南袁氏还联姻了，而杨修，作为袁术的亲外甥，作为两大世家的连接点，则可以看作彼时天字第一号的世家子弟。

在曹操的政治视野里，身兼"袁氏之甥"及"杨氏之子"特殊身份的杨修，依靠其背后庞大的家族势力，在曹操身后完全可以参与兄弟之争中来，并对曹丕的统治乃至顺利接位造成有效的狙击。

对曹魏来说更可怕的甚至还不是这个。但凡稍微有些政治想象力的话，就会知道杨彪杨修父子不仅代表的是两大世家，更有"忠汉"士大夫集团的影子。方北辰先生在《精彩三国》一书中曾推论说，在曹操眼中，杨修的任何表现，已不是偶发性的个人行为，而是清流士大夫集团对立情绪的反映，是一种带有政治意图的集团性行为，"其政治意图至少有二：一是给眼下自己的施政制造种种不安定的因素，变相为汉室张目；二是想在自己的子嗣之间制造对立，以便在自己去世之后，分裂和瓦解曹魏的统治核心,为振兴汉室做远期的准备"。

因此,无论杨修自己是不是,曹操都会将杨修当作"汉室遗老遗少",像对孔融和荀彧那样,起了杀心。

这并非什么脑洞,这一切可能已在各种层面上发生了。周一良先生在《魏晋南北朝史札记》中就认为,曹丕曹植相争,而曹植失败,"与二人对曹操决意篡夺汉朝之态度恐亦有关","盖操诸子唯丕有代汉之意",而曹植的立场则倾向于"忠汉",曹丕"篡汉"之后,曾"发服悲哭"。

对此,柳春新先生在《汉末晋初际之政治研究》一书中也点到,"择立继嗣的过程实际上是篡汉建魏的一次预演,因为无论是支持曹丕或支持曹植,都是以承认'大魏'为前提条件的"。

的确,对于曹操而言,立储是感情因素当先的"家事",更是政治立场当先的"国事"。

放肆一点的话,难道不可以这样层层"推论":曹操因为曹植"忠于"汉室而绝了他的储君可能性,而曹植的"忠汉"思想从哪里来呢? 有没有可能是受到杨修潜移默化的影响? 杨修其实是一个深入曹家内部的潜伏者,名为辅佐曹植夺嫡,实为搞忠汉洗脑,更准确地说,就是要通过帮助曹植上台,在曹家第二代身上实现反魏复汉的和平演变。

杨修下了好一盘大棋啊！

事实上，马伯庸小说《三国机密》的故事架构也部分基于上述"阴谋论"。

阴谋论说到这里，就更要佩服曹操去世前杀杨修的决绝了。这才是政治大师的手段啊。你是潜伏者，我就是反潜者。

最后提供一个历史彩蛋。虽然《军师联盟》中营造了一种杨修与司马懿各为其主势不两立的历史情境，但历史中真实发生的却是一个温暖故事。杨修死后弘农杨氏一度不振，若干年后，杨修的孙子杨准成了司马家的"太子文学"，和爷爷杨修当年干的事差不多。司马懿的孙子晋武帝司马炎更是无比喜爱弘农杨氏，先后两任皇后都出自杨家。

如果将杨修和司马懿都看作颠覆曹魏的"潜伏者"的话，那么他们的后代的确应该珍视此种老一辈的战斗友谊。

延伸阅读：

《〈三国志〉讲义》

戴燕著，生活·读书·新知三联书店，2017年1月版

《精彩三国》
方北辰著，成都时代出版社，2016年4月版

《魏晋南北朝史丛稿》
何德章著，商务印书馆，2010年11月版

《汉魏禅代与三国政治》
朱子彦著，东方出版中心，2013年5月版

《汉末晋初之际政治研究》
柳春新著，岳麓书社，2006年6月版

《曹操传》
张作耀著，人民出版社，2015年2月版

杨　修　世家子弟的政治豪赌

司马懿

论潜伏者的自我修养

249 年

司马懿发动高平陵事变，

控制曹魏中枢。

在司马懿的真实世界中，哪里有这么多深谋远略，
有的只是无原则无底线的艰难求存，那么多亲族密友，
说杀就杀了，一肚子的儒学尽化作手起刀落。

东晋时，司马懿的玄孙晋明帝司马绍与重臣王导聊天，说到司马家是如何得天下时，王导毫不避讳地从司马懿的创业之始一一道来。据说晋明帝听了之后羞愧到"以面覆床"，感叹说："要是照你说的这般不堪，我们司马家的皇位怎么可能坐得长久？"（"若如公言，晋祚复安得长远？"）

感谢电视剧《军师联盟》，让我们也有了晋明帝这样的机会学习司马家的革命家史。机会挺难得，毕竟，经过《三国演义》的反复轰炸，在通俗文化的世界中，"三国"在很大程度上是属于刘备与诸葛亮的，司马懿的人设也就是诸葛亮数次北伐中的手下败将，依靠拒不出战才得以苟活的阴险狡诈之辈罢了。而站在司马懿的视角重新叙述三国故事，这应该是银幕上的第一次，算得上拨乱反正了。

不过，司马懿固然不是《三国演义》中那个极尽阴险狡诈之能事的大反派，但在《军师联盟》中却可能又矫枉过正，被吴秀波演得过于英明神武正气凛然了。否则，我们怎么解释，作为高祖父的司马懿究竟做了什么好事而让玄孙晋明帝羞愧得"以面覆床"？

必须说，电视剧在一些大的历史框架上还是基本靠谱的。司马懿一开始的确拒绝了曹操的辟任，只是时间

司马懿 论潜伏者的自我修养

应该是在建安六年（201年，官渡之战后一年），而不是剧中的官渡之战之时。并且，司马懿的确也是以生病为理由回绝，只是具体病因不是剧中的"断腿"，而是假借"风痹"（某种严重的风湿病）不能起居。

这一年，司马懿刚22岁。对此，史书中的说法是"不欲屈节曹氏"，隐隐中把司马懿塑造成了一个对汉王朝心存眷念的儒家式忠臣孽子。而当代很多史学家认为，这都是史书中刻意编排的套路，试图建构出司马懿与曹魏政权早有嫌隙的前情，为他之后颠覆魏政权的"不臣"行为开脱。

无论如何，七年后的建安十三年（208），在曹操带有威胁的第二次辟任之后，29岁的司马懿"被迫"出山。建安十三年，正好是赤壁之战这一年，有一种说法是，曹操战败后不愿再容忍司马懿这样的"不合作者"，因此采用强力手段逼迫；但还有一种说法是，赤壁之战前曹操统一中国似乎已无悬念，因此司马懿果断放弃了观望姿态，火线加入曹营。

在曹操时代，司马懿在政治上并不是一个多么重要的人物，唯一的成绩就是逐步成了曹丕的重要幕僚。司马懿在曹丕与曹植的太子之争中开始展现了他日后的那种政治斗争天赋，"每与大谋，辄有其策，为太子所信重"，但史书中并未具体记载什么司马懿的计谋，因此也给各种文艺作品留下了巨大的"创作空间"。像《军师联盟》中司马懿那一个接着一个的计谋，只要当作段子快乐地观看就是了。反倒是杨修，我们原本受《三国演义》影响，熟悉的是那个大谈"鸡肋"的耍小聪明者，而电视剧中给他增添的政治人设反倒是更贴近史实一点，杨修的确是因为支持曹植才被已决心立曹丕的曹操杀了，曹操不仅怕他的政治权谋，更担心的是他背后弘农杨氏的家族势力，会在自己身后影响曹丕的即位。

　　曹操去世前几个月才杀了杨修，而对站对了队的司马懿，曹操据说也有话留给了曹丕，"司马懿非人臣也，必预汝家事"，当然，曹丕没听进去。这段话同样也被现代史家视作建构出来的曹马长期对立的历史叙事，不能简单地当作信史，一个显而易见的疑点是，以曹操碾压般的权势，连杨修这样背后有巨大政治网络的世家子弟杀也就杀了，如果怀疑司马懿这样一个小人物有异心，杀掉便是，还费那么多周折去搞什么历史预言干啥？科幻小说《三体》中不是有句名言"毁灭你，与你无关"吗？

　　220年，曹操去世，这之前十二年可以视作司马懿政治生涯的第一阶段。同年，曹丕即魏王之位后，四十一岁的司马懿成了汉魏禅代的主要策划者。如果你还记得司马懿据说曾经是那个拒绝曹操征辟的"儒家理想主义者"的话，此时司马懿的积极表现要么证明他从来就

司马懿　论潜伏者的自我修养

是一个与儒生没有半点关系的精致利己主义者,要么就是他早年同情汉室的理想主义已被巨大的政治利益所彻底迭代。

在曹丕时代,司马懿俨然是一个纯粹的大魏纯臣,既远离了早年的"被迫仕曹"的人设,也远远没有走到日后"篡魏"那一步。

226 年,曹丕去世,司马懿也结束了他政治生涯的第二阶段,一路升官,渐渐进入了魏帝国的核心圈。

曹丕与甄宓之子曹叡即位时,司马懿已是曹丕临终前任命的四大辅政大臣之一。在曹叡时代,司马懿有了一个对他未来影响深远的政治收获。正是在曹叡即位后,司马懿第一次真正掌握了军权,神奇的是,有政治天赋也就罢了,从未带过兵的司马懿竟然在实战中被证明天生自带军事技能,第一次领兵便取得大胜。

正是在曹叡时代,司马懿与诸葛亮之间发生了那些在《三国演义》中被浓墨重彩描写的大战。出于对传统价值观的某种尊重,即使我们不说司马懿战胜了诸葛亮,至少,蜀汉的数次北伐都是在司马懿的狙击下无功而返。

不过,遗憾的是,魏明帝曹叡即位时虽然只有 22 岁,却是一个政治手腕不弱于曹丕的厉害主子,对司马懿恩威并施。在曹叡当政期间,司马懿虽然在政治上已经是位极人臣,权力却被控制在一个相对安全的范围内。别说此时的司马懿应还未生出异心,即使有如王夫之所臆想的"魏之亡,自曹丕遗诏命司马懿辅政始",司马懿的异心也在打压猜忌之下,战战兢兢地埋藏在心底罢了。

按照正常的发展,司马懿可能为了保全自己,就会从高层政治中渐渐淡出甚至急流勇退了。但是,和他父亲一样,英明的曹叡也是一个短命皇帝,当了十三年皇帝,仅三十多岁就撒手人寰了。

继曹操和曹丕之后,司马懿第三次熬死了一个曹魏的统治者。在寿命这个问题上,司马懿完胜了以上三位都在政治上压制他的曹家人。

239年,年仅8岁的皇太子曹芳即位,按照魏明帝曹叡最初的政治安排,辅政大臣中本没有被猜疑的司马懿,但经过司马懿一党的运作,曹叡最终还是决定由司马懿和大将军曹爽辅政。这一年,司马懿61岁。

此时曹魏的政局局面与溥仪时代有几分相似。曹爽就如摄政王载沣,利用皇太后的权力将司马懿像袁世凯一样逐出了朝廷的政治中枢,但也同样未能痛下杀手。

曹爽在权力斗争上虽颇有手腕,但在"事功"方面却

司马懿　论潜伏者的自我修养

如晚清的亲贵一样近乎窝囊废。为了加强权力的合法性，曹爽多次高调对吴蜀开战，却次次铩羽而归，最后干脆放弃了对政绩的追求，关起门来大搞各种集中权力的改革，从而得罪了曹魏内部几乎所有的政治势力。

从正始八年（247）开始，司马懿便"称疾不与政事"，主动靠边站，这也就是为后世的各种成功学所推崇的司马懿式隐忍示弱的极致。

正始十年（249）正月，司马懿趁曹爽与皇帝曹芳离开都城为魏明帝扫墓之机，突然发动了史称"高平陵事变"的政变，控制了中枢政权。

高平陵事变发生时，司马懿被曹爽架空已有十年之久，所能控制的政治资源已相对有限，背后更无袁世凯式的"北洋六镇"作为支撑。因此，司马懿此次政变并非后世所想象的多么深谋远虑，多么步步为营，而是冒着极大的失败风险所做的绝命一击，所恃无非是长子司马师手中的三千死士，以及朝中对曹爽集团弄权的不满而已，他们所面对的曹爽集团，理论上掌握着整个魏帝国的所有军力。

政变发生后，曹爽便暴露出他与司马懿临大事之际应对能力的巨大差距。在得到"不失为富家翁"的许诺之后，曹爽便不可思议地主动丢掉了手中"挟天子而令诸侯"的好牌，束手就擒。大魏的大将军，竟是这样一个草包。

但吕思勉先生却曾为曹爽打抱不平说："正人君子，往往非奸邪小人之敌，曹爽遂为司马宣王所覆。"

曹爽的幼稚，更加映衬出司马懿的狠绝。司马懿在抓到曹爽之后，没有遵守之前的承诺，对曹爽集团进行了大清洗式的政治屠杀，曹爽一家被族诛，名士何晏也人头落地。

我想，司马懿的玄孙晋明帝应该就是听到这一段才羞愧难当的。

以"高平陵事变"为标志，司马懿开启了司马氏的"篡魏"大计。清人王鸣盛说，"魏氏之亡，始于曹爽之诛"；周一良先生在《魏晋南北朝史札记》中也说，"在争夺政权之斗争中，司马氏对曹氏取得决定性胜利，即在曹爽及其一党之诛除"。

但这可能也不能绝对化。司马懿发动高平陵之变时，其实得到了部分曹魏老臣的同情与支持。我们现在以历史的后见之明来看，当然会觉得"高平陵之变"是司马氏篡魏的第一步，因此曹魏的老臣们应该会群起而攻之。但在当时的历史情境之下，司马懿被朝野视为"拨乱反正"的曹魏忠臣也是正常的，不要说其他人没看出来，恐怕在发动政变时司马懿本人也未必就有了多么周

司马懿 论潜伏者的自我修养

密的"不臣之心"。

而曹爽呢，虽为曹氏宗室，当时却被视作破坏先皇政治安排的独断专权者。本来魏明帝安排司马懿与曹爽同受顾命，辅佐幼主，就存有平衡曹魏内部宗室、功臣两股势力的目的。而曹爽在架空司马懿之后，已经破坏了这一政治安排，打破了权力的相互制衡，自然引起了朝中老臣的强烈不满。

在部分曹魏老臣看来，曹爽的独断专行不仅违反了先皇遗命，缺乏政治合法性，更重要的是，背后可能潜藏着篡位的野心，毕竟朝中幼主暗弱，功臣势力又被打压，曹氏宗室篡起位来可是比外姓人要方便得多了。当此"危难之时"，大魏更需要一名有足够威望的人站出来扭转乾坤。

而司马懿无疑是最适合的那个人，他作为先皇托孤的两朝重臣，只有他具有干预朝政的政治权威、号召力以及筹谋能力。曹魏老臣们不支持他，又能支持谁呢？

"高平陵之变"时，曹魏老臣们或许还在为自己参与打倒"曹爽篡位集团"而感奋不已，而他们在几年后才会知道，他们"制造"了一个真正的篡位者。

"高平陵之变"两年后（251），73岁的司马懿在平息了淮南的王凌起事之后去世。此后，长子司马师和次子司马昭相继接手了这场"代魏接力赛"，司马昭在任上更是灭掉了蜀汉，弑了高贵乡公曹髦。

司马昭的野心虽然路人皆知，他在去世前也几乎完成了一切代魏的准备，但临门一脚还是交由儿子司马炎于266年受魏禅完成。从249年的"高平陵之变"开始，司马氏代魏大业历经祖孙三代四人，共计十七年才得以完成。此后又十五年，司马炎灭东吴，三家归晋。

在网络书店上搜索了一下司马懿，跳出无数本成功学读物，无非是彰显司马懿的装病示弱、扮猪吃老虎，隐忍不发、一击即中这些可以现代化的权谋。但在司马懿的真实世界中，哪里有这么多深谋远略，有的只是无原则无底线的艰难求存，那么多亲族密友，说杀就杀了，一肚子的儒学尽化作手起刀落。

延伸阅读：

《魏晋之际的政治权力与家族网络》
仇鹿鸣著，上海古籍出版社，2015年6月版

《门阀士族时代的司马氏家族》
胡志佳著，文史哲出版社，2005年8月版

司马懿 论潜伏者的自我修养

《汉末晋初之际政治研究》

柳春新著,岳麓书社,2006年6月版

《司马懿:谁结束了三国?》

方北辰著,北京大学出版社,2013年3月版

晋武帝

以史为鉴是个坑

267 年

晋武帝司马炎立

"傻儿子"司马衷为太子。

作为曹魏的颠覆者，司马家似乎特别在意曹魏早早灭亡的历史教训，然后自作聪明地总结了历史经验，而这些历史经验显然又不太靠谱。

公元189年，弥留之际的汉灵帝刘宏将蹇硕等宦官叫到病榻前，口授传位次子刘协的遗诏。

汉灵帝生前，一直纠结于立储的问题。嫡长子刘辩本是理所当然的储君，奈何汉灵帝认为他举止轻佻而不喜欢他；而次子刘协因为面容似父而成为汉灵帝心中属意的储君。

一边是立嗣以嫡长为先，另一边是受宠爱的小儿子，就这样，汉灵帝时代的太子之位就在各种纠结中迟迟未定。直到弥留之际，汉灵帝似乎是遵从了内心的原始召唤，最终决心废长立幼，但又担心招致何皇后及其兄大将军何进的反对，便以托孤宦官的方式进行了秘密立储。

从忠实于遗诏的角度而言，蹇硕算得上忠仆。蹇硕本计划在何进入宫时杀之，而后立刘协为帝。但有所觉察的何进称病不入，迅速召集兵马，武力拥立外甥刘辩即位，是为汉少帝。

其后，何进在袁绍等人的怂恿之下，召外臣董卓带兵进京，想一劳永逸地以武力解决宦官问题，谁料自己却死于宦官的抢先动手。宦官势力倒是被一举诛除了，但董卓的进京却打开了东汉末军阀割据的潘多拉之盒。董卓在各方面而言都可算是乱臣贼子，但在废掉刘辩，改立刘协（也就是著名的汉献帝）这件事上，算是绝对忠实于先帝的遗愿了。

可以说，正是汉灵帝此次失败的废长立幼，打开了三国时代的序幕。

而纵观整个三国时代，主君在立储问题上，屡屡陷入夺嫡之争的魔咒，多次陷入废长立幼而引发政争的模式，深刻改变了三国时代的政治格局。

如果说喜欢幼子是三国时代的某种普世价值的话，袁绍的突出表现足以使他成为代言人。袁绍有三个儿子，袁谭、袁熙、袁尚。相比长子袁谭，袁绍更喜欢长得比较帅的小儿子袁尚。袁绍为了顺利传位给小儿子，还自作聪明地搞起了"分封"，任命大儿子袁谭做青州都督作为某种政治补偿，这遭到了谋士沮授的强烈反对，认为"祸其始此乎"，拥兵一方必将导致未来兄弟间的大动干戈。而袁绍显然不是一个合格的爸爸，拒绝了沮授的谏言，将三个儿子送进了兄弟相争的火坑。

在袁绍生前，麾下的部属便已暗中分作拥兄派和拥弟派。而在袁绍于建安七年（202）去世之后，沮授的预言应验了，袁谭和袁尚在外有大敌曹操的险恶情况之下爆发了激烈的内战，被曹操各个击破，袁氏兄弟均未逃脱败亡的命运。试想袁绍生前如果安排好继承问题，袁家兄弟得以勠力同心对曹，即使无改于最终结局，但至少曹操统一北方的时间将大大延迟。

按照曹操的进军路线，在北方肃清袁家势力之后，就轮到了江东的刘表家。曹操是如此幸运，若不是荆州废长立幼深陷于继承危机，他又岂能兵不血刃地拿下荆州？

据说刘表一开始因为长子刘琦之相貌与自己相像，十分宠爱他（三国时代的男人似乎很吃这一套），但自从娶了继室蔡夫人之后，被蔡夫人所影响，逐渐开始疏远刘琦，偏爱小儿子刘琮。在《三国演义》中，刘琮被附会为蔡夫人之子，但在真实历史中，蔡夫人与刘琮并无血缘关系，蔡夫人是因为将侄女嫁给了他而选边站位。

刘表逝世后，刘琮被蔡瑁、张允拥立为荆州牧。镇守江夏的刘琦闻信后本欲借奔丧的名义起兵讨伐刘琮，谁料曹操已出兵荆州，遂避走江南。陷入内乱危机中的荆州而后就投降了曹操。

虽说吃了不少红利，但曹操本人也是兄弟相争的受害者。与汉灵帝、袁绍、刘表这些人同出一辙的是，曹操一度也动过废长立幼的心思，在曹丕和曹植之间长期摇摆不定，所幸在去世前几年悬崖勒马，明确了曹丕的储君之位，才没有落到袁绍身后诸子"亲寻干戈"的地步。

但问题是，曹操生前对立储的摇摆不定已严重伤害了诸子之间特别是曹丕和曹植的关系。曹丕即位后，曹

晋武帝 以史为鉴是个坑

植、曹彰虽被封王，但实际情况无异于充军软禁，且不说曹植七步成诗、相煎太急的传说，就说疑云丛生的曹彰之死，曹丕也很难脱得了干系。

对曹魏政权而言，更糟糕的是曹丕对兄弟的过度防范、对宗族问题的过度焦虑，导致了防内甚于防外，曹氏宗族缺乏皇权之外的其他权力支撑点。正如戴燕在《〈三国志〉讲义》中所说，"曹氏政权缺乏网络式布局，外无援手，势单力孤，给司马氏取代曹魏带来了机会"。

王夫之在《读通鉴论》中将责任都归在曹操身上，认为曹魏之所以亡，还是缘于曹操对曹植的偏爱，使曹植有了与曹丕一较短长的年头，这才是根本，"拱手以授之他人，非一旦以夕之故矣"。

平心而论，曹丕固然是心胸狭窄，但若无曹操当年立储时的摇摆不定，曹家兄弟又岂会反目成仇，其爱子心切不仅撕裂了兄弟之情，还赔上了曹魏江山。

而在东吴那边，孙权在立储上的糟糕作为比曹操有过之而无不及，甚至可以说直接导致了孙吴政局的由盛转衰。

孙权一开始倒是立了长子孙登为皇太子，又是长子，又很贤良，本是件众望所归的事。但孙登在三十三岁那年突然病死，吴国的立储一下子成了问题。

按照长幼顺序，由于次子孙虑早死，三子孙和被立为了太子。但问题是,孙权对四子鲁王孙霸也表现了非比寻常的宠爱,给予其与太子孙和类似的政治待遇。孙霸由此生出夺太子位的心思,朝中更是形成了"太子派"与"鲁王派"两派对立的政治态势。

两派相争的结果是,孙权先是大力打击太子一派,连伟大的陆逊也被逼死,最后直接废掉孙和,软禁了起来;而孙霸那边就更惨了,直接被赐死。

公元250年,孙权立年仅八岁的小儿子孙亮为太子。仅仅两年后(252),孙权驾崩,将吴国江山留给了十岁的孙亮。

孙权驾崩第二天,吴国就发生了宫廷政变,辅政大臣孙弘被杀,诸葛恪和孙峻联合掌握了政权。再一年半后,诸葛恪又被孙峻所杀,吴国军政大权落入了孙峻一人之手。其间,孙权立幼子为帝的弊端暴露无遗,年幼的孙亮基本就如傀儡一样,眼睁睁地看着大权旁落,政变连连。

孙峻掌权了三年,病死前将权力移交给了堂弟孙琳。孙琳在任上干了件堂兄都不敢干的大事,废掉了年已十六岁、不甘心做傀儡皇帝的孙亮。

孙权死后仅六年,他钟爱的幼子便被拉下了帝位,生前任命的辅政大臣也在历次政变中全数不存。吴国政局在此前后陷入了"君杀臣、臣废君、君主相残、臣僚互杀"的血雨腥风，国势每况愈下，深究其原因，孙权的立储昏招当负全责。

在三国之中，唯一在立储上没出纰漏的当属刘备。刘备有三个儿子，刘禅、刘永、刘理，虽然都资质平庸，太子刘禅在历史上更是以愚钝闻名；但由于在立储上早早确定了立长子的原则，三兄弟之间几乎未产生任何芥蒂，更没有兄弟政争的出现。

但无论如何，三国的这些失败的爸爸们，的确让三国更精彩。

作为三国时代的终结者，晋武帝司马炎的立储决定让这整个故事变成了一则黑色幽默。或许是吸取了三国时代各家废长立幼的教训，司马炎一共有 20 多个儿子，明知道长子司马衷智商有缺陷，却还是勇敢忠实地遵守了立嫡以长的历史原则，让司马衷当上了太子。

当然，司马炎也不是没有后手。用仇鹿鸣在《魏晋之际的政治权力与家族网络》一书的说法就是，"武帝的如意算盘就是只要皇位能够平安地传递到其所钟爱的皇孙司马遹手中，其立司马衷为太子的政治冒险就可以算是大功告成"。

作为曹魏的颠覆者，司马家似乎特别在意曹魏早早灭亡的历史教训，然后自作聪明地总结了历史经验，而这些历史经验显然又不太靠谱。

司马炎在几项重大国策上，几乎都是刻意地与曹魏反着来。曹操偏爱小儿子曹植，那我司马炎就力挺长子司马衷；曹氏皇帝打击自家人，才让爷爷司马懿有机可乘，那我司马炎就反其道行之，给司马家的人四处封王，据说一口气封了 27 个同姓王，拱卫中央政权，保司马家江山万万年。

然后，就没有然后了。司马衷这个傻皇帝和八王之乱，正是这两个司马炎自以为得计的"生前重大战略布局"，直接导致了司马家政权的快速崩溃。司马家的精英们，也在互相仇杀中损失殆尽，即使南渡建立东晋王朝也再无缓过气来。从此，元气大伤的司马家在朝政上始终处于半失控状态，东晋实际上是司马家与其他各大家族的联合执政，不是有句话叫"王与马，共天下"吗？

对此，我可以帮司马炎和司马家找的唯一理由就是，司马家一直喜欢自称"经学世家"，立国后也大力提倡礼教治国（所以嵇康才有"越名教而任自然"一说），立嫡以长与搞分封制这两项不就是最符合儒家礼教精神的政治行为吗？从这一点来看，司马家也算是知行合一的"经学世家"了。

被司马炎视作负面典型的曹魏好歹还存国 53 年，

晋武帝 以史为鉴是个坑

而号称认真总结过曹魏教训的西晋,只有51年。

历史经验这东西,真的那么有用吗?或者说,"废长立幼"真的能算是一个历史教训吗?坚持立长的晋武大帝不也一样在儿子身上赔掉了半壁江山?

也千万别下意识地认为西晋搞分封制是走历史倒车,郡县制才是天然正确。朱元璋这么精明的皇帝,不也以"治天下之道,必建藩屏"为由大搞分封制吗?还让燕王朱棣捡了一个便宜。你能说晋武帝蠢,也可以说明太祖蠢?

王夫之在《读通鉴论》中曾说过:"魏之削诸侯者,疑同姓也;晋之授兵宗室以制天下者,疑天下也。疑同姓而天下乘之,疑天下而同姓乘之……"

那么,喜欢以史为鉴的晋武帝究竟该怎么办?

延伸阅读:

《汉末晋初之际政治研究》
柳春新著,岳麓书社,2006年6月版

《〈三国志〉讲义》
戴燕著,生活·读书·新知三联书店,2017年1月版

隋炀帝

关陇集团的弃子

616 年

隋炀帝内外交困之下，

南迁江都。

第三次下江南，是杨广在天下糜烂后的逃避，
不仅是生命安全意义上的逃避，也是一个曾有一
匡天下壮志的君王心灰意冷后的心灵逃避。

2018 年是大唐王朝开国 1400 周年，在追忆大唐盛世之时，我们似乎有意无意地遗忘了，618 年也是隋炀帝杨广身亡之年。

1400 年前，隋炀帝杨广在扬州江都宫的兵变中被杀。从某种意义上而言，杨广也算是"死得其所"，他一生的事业发迹于江南，政治生涯中最伟大却也最具争议的功业大运河与江南关系万千重，天下大乱时自避于江南，最后又死于江南，求仁得仁，亦有何憾。

开皇八年（588），隋文帝下诏伐陈，任命刚满二十岁的杨广为隋军统帅，这也是杨广在政治生涯中第一次与江南发生联系，而伐陈的成功也成为杨广一生最初的功业。

灭陈之初，隋文帝并没有让杨广镇守江南，而是让秦王杨俊为扬州总管。或许是上天注定杨广这一生必然与江南纠缠不尽，开皇十年（590），江南豪族群起反隋，隋文帝改立杨广为扬州总管，镇压叛乱，总领淮河及长江以南四十四州军事。

在平叛中，隋帝国上层的主流舆情是铁血镇压，而杨广第一次显露了他与所有其他帝国上层迥然有异的态度——怀柔江南。在杨广的招抚政策之下，十七城不战而降，三百多叛乱的中坚分子归顺大隋。

069

隋炀帝 关陇集团的弃子

从开皇十年任扬州总管开始,到开皇十九年(599)离任回朝,杨广在江南一待就是十年,正所谓十年一觉扬州梦了。

这十年中,杨广愈加表现出他"亲江南"的政治态度。当时的隋帝国上层,对江南地区与当地士人普遍持轻视鄙夷的态度。我们都知道,隋帝国及之前的西魏北周的执政基础都是所谓的"关陇军事集团",这些奉行"关中本位主义"的关陇贵族非但不像东晋时那样将江南视作"衣冠南渡"的正统所在,反而视江南为"蛮夷之邦",充满了胜利者的狂妄与优越感。甚至可以说,对于江南人氏而言,全国统一只是象征性的,关陇贵族官爵仍可代代相继,而江南士人却没有什么机会进入隋朝中枢,江南豪族也没有获得应有的政治地位,南北关系更像是"被征服者"与"征服者"的不对等关系。对此,对江南颇有些地域歧视的隋文帝有点乐见其成的意思。

对于江南人氏而言,杨广的出现无异于黑暗时代中的弥赛亚一般。何德章先生在《魏晋南北朝史丛稿》一书中总结称,"在江南亡国士人看来,杨广在江都的总管府,实际上是一个保护他们利益的小朝廷"。

考虑到此时大隋朝廷弥漫着的"关中本位主义",杨广可谓是江南在大隋帝国中的唯一一个强有力的代言人了。杨广本人算是"关陇军事集团"中的异类,他在江南待久了,在文化上也被江南文化所强烈吸引,府中招揽了大量不得志于新朝的江南士人,"置王府学士至百人"。杨广还在江南大搞文化建设,大举修撰图书,俨然以江南文化保护者自居。

杨广为何如此热爱江南与江南文化? 除了天生的志趣相投之外,杨广的妻子萧妃应该也起了很大的作用。萧妃是著名的昭明太子萧统的玄孙女,天潢贵胄,一生与杨广琴瑟和谐,在文化素养与审美上对杨广的影响恐怕是要远远超过"枕边风"。

一个很有趣的细节是,据《隋炀帝:生平、时代与遗产》一书,杨广甚至可以熟练地使用吴语和萧妃交流。

胡戟先生在《隋炀帝的真相》一书中评价说,"得力于坐镇扬州的晋王(杨广)思想文化领域中的工作,南方的形势终于稳定下来了"。

说到这里,我似乎正在塑造一个无心宫廷政治,一心倾慕江南文化的皇子形象。而事实显然不是这样。杨广对江南的倾心经营,对江南士人的青睐,除了文化审美之外,其中也有用心很深的政治权谋,幕后更有大隋帝国夺嫡之争的大背景。

《隋炀帝的真相》一书认为,"追随杨广的文人学士,名义上是以读书修撰为名聚拢起来的,而中国的儒生一向是有议政传统的,他们和晋王在一起,也研究政治,窥

隋炀帝

关陇集团的弃子

测形势，筹划着未来的宏图大业，这是雄心勃勃的晋王积蓄政治实力的方便形式"。胡戟先生甚至认为，杨广开启的开府养士之风，直接启示了之后的李世民和李泰（参与夺嫡的李世民第四子）。

杨广积蓄政治实力所为何？自然是为了和太子杨勇争夺储位，只是，杨广的争夺方式也有点另类，他不是在长安中央朝廷中和杨勇斗，而是远居江南，远距离争斗。

对于杨广而言，在江南展开夺嫡之争最大的好处是"进退自如"。杨广在扬州军中有一心腹叫郭衍，当郭衍从宇文述那里得知杨广的"大志"后欣喜若狂，说了一段非常有意思的话。郭衍说，"若所谋事果，自可为皇太子。如其不谐，亦须据淮海，复梁、陈之旧"。

简单地说，如果杨广当上太子当然好，大家一起跟着回长安加官晋爵，如果夺嫡失败，杨广也可以仿效当年的南朝，和北方划江淮而治，做个江南半壁江山的皇帝。

郭衍的话显然很合杨广的心意，"王因召衍，阴共计议"，"由是大修甲仗，阴养士卒"。

说来也很有趣。当年陈朝的江南之地是由杨广带兵"统一"的，现在仅仅过去数年，杨广便又谋划"划江而治"，脱北方而自立，将刚刚统一的大隋帝国重新变成南北对峙的状态。

当然，当时杨广的"划江而治"之计并没有机会得到实践，因为他当上太子了。开皇二十年（600）岁末，隋文帝废杨勇，改立杨广为皇太子。而杨广也结束了他在江南的十年经营，回到了长安。

公元604年，杨广即位，第二年（605），杨广便坐在他的龙舟之上，行驶在他一生最泽被后世的功业——大运河上，出巡扬州，又一次回到了让他魂牵梦萦的地方——江南。

大业六年（610），杨广二下江南，出发前曾作诗"扬州旧处可淹留"。此时的大隋王朝，正值鼎盛，隋炀帝也正处于个人政治生涯的巅峰。回到历史的情境当中，可以说，无论是修大运河还是二下江南，都在为当时的大隋盛世增光添彩，说修大运河和下江南导致了亡国之祸，很大程度上是后人出于各自的目的编排出来的。在那个时代，江南是大隋王朝的明珠，是隋炀帝的明珠，而大运河，则见证了大隋的南北一统。正如唐人皮日休所说，"尽道隋亡为此河，至今千里赖通波"。

同时，隋炀帝的二下江南，也是一种弥合南北之举，用他个人皇权的强力，尽力消除关陇集团对江南的那种歧视，也增强南方人民对大隋朝廷的认同感。

当杨广发现关陇籍史官窦威在编《丹阳郡风俗》一书时使用了轻视江南的词汇，"以吴人为东夷"，他激烈地为江南文化辩护，称"及永嘉之末，华夏衣缨，尽过江表，此乃天下之名都"，一怒之下杖责了窦威及另一名史官。李渊起兵后，窦威投降李渊，后来还成了宰相，侄女还做了李渊的皇后。

大隋王朝由盛转衰，直至覆灭，严格说来，这个责任的确要由隋炀帝个人来承担，但转折点却远不是什么下江南，而是隋炀帝近乎偏执的征辽。在天下高唱《无向辽东浪死歌》的歌声中，隋炀帝盛世之君的政治形象被彻底颠覆了。

第一个起兵造反的是杨玄感。杨玄感和他已故的父亲杨素都是关陇集团的代表人物，起兵时也得到了关陇集团中很多人的响应，可见此时关陇集团已对杨广失去了耐心和信心，准备弃子了。其一固然是杨广使用民力过甚，征辽不得人心；其二同样是不容忽视，杨广重视江南，推动科举等打击关陇世袭贵族的组合拳已引发关陇集团的极度不满，在关陇集团眼中，杨广就是本集团的"叛徒"，为了本集团的利益，必须清理门户了。

杨玄感只是关陇集团打倒杨广的第一张牌。杨玄感兵败之后，关陇集团并没有打算放弃，而李渊在某种意义上正是关陇集团推出的第二张牌，可以说是王牌了。李渊的祖父是大名鼎鼎的西魏八柱国之一的李虎，是关陇集团中血统最为高贵、出身最为纯正的那几个人之一，李渊起兵之后，基本上也宣告了杨广作为关陇集团"弃子"的命运。

大业十二年（616），杨广启动了即位后的第三次下江南。这一次下江南，和前两次都不太一样了，前两次是"富贵还乡（心灵的家乡）"，是盛世巡游，是南北大一统的宣誓，是盛世大工程的"剪彩"，而这一次，是杨广在天下糜烂之后的逃避，不仅是生命安全意义上的逃避，也是一个曾有一匡天下壮志的君王在心灰意冷之后的心灵逃避。国势至此，他至少可以在江南找到一片心灵的净土。在这片杨广最为依恋和熟悉的土地上，杨广可以暂时遗忘那些政治上的失意与恐惧。

离开东都洛阳前，杨广自知此去可能就是永诀，为那些不能随行的宫女深情赋诗一首："我梦江南好，征辽亦偶然。但存颜色在，离别只今年。"

而那些劝谏杨广不要南迁的大臣呢？不是被投入大狱，就是被杖杀斩首。在这些反对者看来，此行无异于将江山拱手相让于叛军，必将酿成滔天之大祸。

从政治上而言，杨广的逃避或许宣告着他再无可能彻底平乱一统天下，甚至是放弃"天命"，但也并不是毫无道理,江南毕竟是杨广的发迹之地,那里有他熟悉的民众,有他熟悉的人脉,江南进取不足,但作为自保之地,杨广选择江南并非单纯只是政治失意者的"少年情怀"。

或者说,杨广在年轻时曾有夺嫡失败后"划江淮而治"的政治构想,当时虽然没有实践,但当杨广遇见生命中最大的政治挫折之后,他在潜意识中还是想回到江南,重新实践那个"划江淮而治"。杨广应该会这样认为,只有江南才是他真正所属之地,而作为大隋王朝的核心地带的关中是属于关陇集团那些叛徒的地方。

但让杨广没有想到的是,他想逃避,想据江南的半壁江山自保,但随他去江南的关陇人士却并不情愿。以政治集团划分,随杨广去江南的他们也从属于广义的"关陇集团"。当这些人,特别是主要由关陇人氏构成的骁果军(御林军)得知皇帝打算彻底离开关陇,生根江南之后,思乡心切的他们先是想集体逃亡,却又被杨广辣手惩治,索性走向极端,在宇文化及的带领之下,骁果军发动了宫廷政变,杀掉了心向江南的皇帝。

据《隋炀帝:生平、时代与遗产》一书所说,叛乱者们公布了杨广的十大罪状,排名第一的就是"毁弃宗庙",其实就是说他抛弃关陇。

但没有多久,当背叛皇帝的宇文化及带兵北上,正

非常之人：20人的历史时刻

值与李密决战的关键时刻,骁果军中的江淮人氏突然集体叛逃,导致了宇文化及的惨败。从这个意义上来说,这些江淮骁果们算是为自己效忠的皇帝报了大仇。

而杨广亦复何伤? 他死在了江南,葬在了江南。唐人罗隐有诗云:"君王忍把平陈业,只博雷塘数亩田。"要我说呢,这正是命运给杨广——一个用生命去爱江南的人——最好的馈赠。

延伸阅读:

《隋炀帝的真相》
胡戟著,北京大学出版社,2011 年 8 月版

《隋炀帝传》
袁刚著,人民出版社,2004 年 10 月版

《魏晋南北朝史丛稿》
何德章著,商务印书馆,2010 年 11 月版

《隋炀帝:生平、时代与遗产》
[美] 熊存瑞著,毛蕾、黄维玮译,厦门大学出版社,2018 年 12 月版

隋炀帝 关陇集团的弃子

田弘正

藩镇家族的逆子

812 年

魏博节度使田弘正"意外"
归顺朝廷。

　　作为"元和中兴"的重要贡献者之一，
田弘正也亲眼见证了这场短暂中兴的幻灭，甚至，
"元和中兴"的转瞬即逝就是从田弘正之死开始的。

大唐元和七年(812)八月,魏博节度使田季安暴死。作为天下第一强藩,魏博自安禄山部将田承嗣始脱离朝廷控制已达五十余年,节度使一职世袭于田氏家族内部,到了田承嗣之孙田季安这里是第四任。

　　田季安死后,十一岁的儿子田怀谏袭任节度使,因为年少的关系,大权掌握在家奴蒋士则之手。魏博的军士对蒋士则极其不满,很快就发动兵变,请出了另一位田家人。

　　这位田家人叫田兴,是田季安的远房叔伯辈。如果说对抗长安割据自立是田氏家族所共通的政治性格,那么,田兴显然不是一个典型的田家人。

　　从田兴的父亲田廷玠开始,田氏这一脉似乎就以"心向长安"著称。田廷玠就曾因劝说他的族侄——魏博第二任节度使田悦恪守朝廷法度未果而"郁愤而卒"。

　　而田兴在史书上的政治形象则更加"忠义","乐闻前代忠孝立功之事,于府舍起书楼,聚书万余卷",大有读书改变田氏反叛基因的意思。

　　作为田氏家族的异类,田兴父子这一系列作为和三国时司马懿之弟司马孚颇有共通之处,司马孚对司马懿父子的篡魏之举一直不以为然,虽然没有什么明面上的反抗之举,但终身以魏臣自居。如果熟悉日本历史的话,你或许还会想起江户幕府时代的德川将军本家支系——水户德川家，这家人虽为德川家族，但一直号称秉持"尊王攘夷"的春秋大义，对天皇有着一种谜之迷恋。

以田兴此种政见，他与田季安的关系自然不会好。田季安当政的前期，因为养母嘉诚公主（嫁到魏博也算一种和亲）尚在人世，他对长安方面尚属恭顺。嘉诚公主去世后，无人掣肘的田季安对长安的态度立即回归了父祖时代的常态，桀骜难驯，时时与朝廷作对，甚至有时连表面上的礼节关系都难以维持。田兴一开始试图劝说田季安，反倒招致田季安的忌惮，为了自保，田兴只得装病，《旧唐书》里说是"假以风痹请告，灸灼满身"，前几年侯孝贤电影《刺客聂隐娘》中还专门拍了这一装瘫痪的情节。

田兴上台的场景倒是有点像赵匡胤的"黄袍加身"。魏博的军士们堵在田兴家门口，一出来后就把他团团围住，要求他立即继任节度使。田兴当时的反应是吓得跌倒在地，很久都没起来（"顿仆于地，久之"），或许这里面也有些演的成分，总之田兴趁势就开出了价码，如果要他继任，魏博全军上下必须和他一起奉守朝廷法令，重新归服大唐。

军士们允诺之后，田兴就杀掉了弄权的蒋士则，掌握了魏博的军政大权。

大唐朝廷得知这一消息后，自然是喜出望外，魏博已五十余年自立于长安。当时的大唐皇帝是唐宪宗李纯，堪称"安史之乱"以来禀赋最高的君主。唐宪宗虽有澄清天下之志，致力于重归一统，但即位以来的统一计划推行得并不顺利，特别是，就在两年前（元和五年，810年），唐宪宗讨伐与魏博同为河朔三镇之一的成德，以惨败而告终，唐帝国不仅元气大伤，而且脸面全失。

在这场战争中，魏博虽然没有公开和成德节度使王承宗站在一起，但基本也是按兵不动的状态，如果当时田季安对朝廷开战，后果更不堪设想。在河朔三镇之中，魏博兵力最强，大唐朝廷连一个成德都拿不下来，更何况拿下魏博，乃至统一河朔三镇，平定全天下的藩镇呢？

因此，田兴带领魏博主动归服，对正处于政治低谷中的唐宪宗无异于雪中送炭，不夸张地说，起到了让唐宪宗的统一大业"起死回生"之效。

一开始，唐朝还想按照惯例，向魏博派去特使宣慰以及观察，朝廷按照特使回来汇报的情况再决定是否让田兴担任节度使。在特使已经上路的情况下，宰相李绛苦劝唐宪宗好人做到底，不趁此时给田兴施以特别的恩典（直接授予节度使），"则无以使之感激殊常"。

田弘正　藩镇家族的逆子

可以说，李绛此时的谏言是老成持国之言，一不小心，唐廷可能就会坐失战略机遇。如果朝廷派特使只是想走个过场，朝廷的威仪和体面固然是保住了，这在平日里可以说也是很重要的，但是在此扭转乾坤的特殊时刻，还是恪守流程，则不仅丢掉了施恩给田兴和魏博的大好机会，还有夜长梦多的风险，毕竟，特使几次来回就是数月，而田兴之位是通过政变而来，万一有变，岂不是坐失好局？

万一朝廷派特使是想走真格的，那就更麻烦了。万一特使带回来的消息不好，比如魏博军士过于强势，对朝廷也缺乏认同感，朝廷在冲动之下，真的决定暂缓加封田兴（朝廷换人的可能性倒是微乎其微），即使田兴忠于朝廷，但万一激起底下那些军士的不满，挟持田兴反叛怎么办？更何况，田兴的"忠义"有可能是史书的后见之明，但凡田兴有一些正常的私欲，很可能就此和朝廷失和了。

好在，唐宪宗终于被李绛说服，当即决定授田兴为魏博节度使，还赐了一个听起来就很讲政治的名字："田弘正"。

解决了官位问题之后，大唐朝堂又为"赏多少钱"发生了激烈争论。这次还是李绛，建议赏赐一百五十万贯。这自然算是一个天文数字，根据李天石先生著的

《唐宪宗传》，当时大唐中央朝廷一年的岁入也就一千多万贯，赏赐占了十分之一上下。

但李绛的理由更有说服力，"陛下奈何爱小费而遗大计，不以收一道人心"，如果发兵十五万征伐魏博，再打上几年，最后花的钱又岂止一百五十万贯呢？

根据《唐宪宗传》，唐朝两年前征伐成德，花了七百多万贯，最后还打败了。而这次收复成德，不仅不费一兵一卒，而且钱也"不过"花了五分之一而已。何况，如之前所说，唐朝中央军连一个成德都打不过，讨伐军力更强的魏博，真的单单是花钱的问题吗？

唐宪宗自然也是明白人，对李绛的话深表赞同，说自己平日吃得差穿得差，存那么多钱就是为了平定四方，现在到了关键时刻反而舍不得花钱了，那不就是白存了。

一百五十万贯，通过！

位置给了，名字赐了，奖金也发了，田弘正自然是感恩戴德。在此期间，那些长期结成攻守同盟的各路藩镇们纷纷派来使节劝说田弘正不要归顺朝廷，《旧唐书》上说他们有"齿寒之惧"，而"弘正终始不移其操"。

不仅如此，田弘正给唐宪宗上的表章中回顾了大唐这六十年间在藩镇割据中所受的屈辱（"国家含垢匿瑕，垂六十载"），"臣每思此事，当食忘餐"，立志要为皇上扫

田弘正　藩镇家族的逆子

平藩镇的统一大业"奋不顾身，以身殉国"。

田弘正没有食言，而唐宪宗更没有客气。

田弘正和魏博归顺仅两年，淮西镇的节度使吴少阳去世，吴少阳的长子吴元济又想照老规矩自行接位。而这次，大唐朝廷决心趁机对淮西用兵。元和十年（815）正月，双方正式开战。

对唐宪宗而言，这又是一次超出预期的苦战，唐军整整打了近三年，才于元和十二年（817）十月活捉了吴元济，平定了淮西。在历史上，淮西之役最有名的自然就是"李愬雪夜入蔡州"，我们记住了前台用兵如神的李愬，或许也记住了后台协助唐宪宗运筹帷幄的大臣裴度。

但是，如果没有田弘正，本就陷入苦战，最终以一场奇袭才结束的淮西之役，很可能就将再次以惨败而告终。

在此战中，田弘正不仅让儿子田布率领数千精兵参战，更重要的是，如果没有田弘正魏博一军的牵制，成德的王承宗和平卢的李师道，很可能就会出于唇亡齿寒，在第一时间就大举出兵援助淮西的吴元济。即使田弘正的魏博中立，以当时唐朝中央的国力军力而言，同时对付淮西、平卢和成德三镇，当是凶多吉少，唐宪宗的统一大业可能早就"中道崩殂"了。

接下去是成德。元和十三年(818)四月,在田弘正的全力斡旋之下,王承宗也宣布归服朝廷,不战而屈人之兵。如果不是田弘正,成德和长安可能又是恶战,尽管此时唐朝中央挟平定淮西之威,军队士气正旺,也只能说占有优势而已,打赢并没有十足的把握。更何况,淮西之战花掉了朝廷一千万贯以上,在财力上,唐宪宗已颇为紧张。

最后是平卢的李师道。元和十三年七月,唐宪宗正式发兵讨伐平卢。在平定平卢之役中,田弘正又扮演了关键性角色,不仅屡次大败李师道主力,而且还在最后一战中配合平卢军的叛将刘悟里应外合,一举擒杀李师道父子三人。

元和十四年(819)二月十四日,田弘正的使者入京奏报大捷,至此,平卢之役仅用了半年多时间便告结束。

而正是因为平卢之役的全胜,天下其他尚在自立状态的藩镇纷纷上书要求归服中央,困扰大唐朝廷数十年的藩镇割据由此一举平定,唐宪宗寤寐思服的天下一统终于再现,这也就是历史上著名的"元和中兴"。

在"元和中兴"中,除了李愬和裴度,田弘正这个名字虽然相对黯淡了不少,但却是那个最重要的隐身人物。

没有田弘正的主动归服以及之后在平定淮西、成德和平卢中的大功,"元和中兴"可能始终就是唐宪宗这些元和君臣们很难企及的一场幻梦而已。

作为"元和中兴"的重要贡献者之一,田弘正也亲眼见证了这场短暂中兴的幻灭,甚至,"元和中兴"的转瞬即逝就是从田弘正之死开始的。

平定李师道,天下重归一统之后还不到一年,元和十五年(820)正月,唐宪宗就暴死在宫中。

唐穆宗李恒即位后没多久,成德节度使王承宗便于同年去世,为了巩固"元和中兴"的成果,唐穆宗做出了一个重大决策,让田弘正从魏博改镇成德,希冀将成德彻底控制在朝廷手中。

唐穆宗想到田弘正也并不奇怪,值此非常之时,藩镇中既忠诚又有实力的也就是田弘正这个标杆式人物了。

悲剧就此发生。

田弘正与成德的关系并不好,曾两次带领魏博军队出征成德。田弘正转任成德时,正是想到了这一点,带了两千魏博军随行护卫。

长庆元年(821)七月,田弘正可能认为成德的局势已经稳定,便让魏博兵士返乡。同月二十八日,成德军将王廷凑利用朝廷答应给成德的一百万贯赏赐没有及时下发一事,集结成德军士发动兵变,仓促之间,久经沙场的田弘正也来不及应变,田弘正及家属、将吏三百余口一同被杀。

当初看到这里,我本以为,之后大概会有一幕魏博军士为主公戴孝报仇的感人场景。但没想到的是,之后的历史发展竟然是,田弘正之子田布被朝廷任命为成德节度使之后,本意也是带领魏博兵马杀向成德报国仇家恨,谁知道,结果竟然是魏博军士此时已毫无出征报仇的意愿,田布在长庆二年(822)正月落了个自尽的下场,推举了身上有鲜明的田季安式的自立色彩的史宪诚为节度使。仇鹿鸣先生在《长安与河北之间》一书中对此评论说,"具有鲜明自利取向、意欲恢复河朔故事的魏博牙军已非田布所能驱动","元和中兴之业瞬间土崩瓦解,历史钟摆又回到了原点"。

田弘正和田布父子的先后身死,标志着成德和魏博两大河北藩镇的再次自立,而就在田弘正被杀的同年(821),卢龙镇部将朱克融利用士兵对唐穆宗裁军政策的不满,发动兵变,随即卢龙镇也从朝廷手中得而复失,唐宪宗来之不易的"天下一统"至此全面崩坏,从此再无中兴的可能性。

田弘正的悲剧似乎从归附朝廷那一刻就注定了。毛汉光先生在《中国中古政治史论》一书中指出,田弘正父子对唐中央过度忠勤,归附中央的代价很大,连年奉朝廷之名出境征战,这与魏博那些职业军人的利益不合,当中央的赏赐已抵不上征战的消耗之时,魏博军人不仅失去了斗志,而且连带撼动了田弘正家族的执政基础。

如毛汉光先生所说,魏博这些职业军人和其他藩镇中的军人有着共同的政治性格,"视军旅为寄身之处,发财之所",他们只希望保持现状,互不侵犯,维持半独立状态带来的经济利益。所以无论是主帅还是朝廷,有任何政策违反了他们的意愿,他们便不惜废立主帅或反抗朝廷。

就成德的复叛而言,直接的导火索——朝廷赏赐的迟到或许是个偶发事件,然而,当时的大唐国库经过几次大战和大肆封赏之后已然捉襟见肘,大额的赏赐固然暂时满足了成德这些藩镇的欲望,但此种"攀比"式的赏赐终究有一天将使大唐国库无法负荷,届时,这些习惯了被中央"赎买"的藩镇军士们还愿意继续服从长安吗?或者说,成德那次偶发的赏赐迟到其实已经宣示着大唐国库已接近抵达那个"破产"的临界点?

在那种藩镇割据已成时代主题的情况下,田弘正的反正与忠唐甚至可以理解为一种"逆流而动"。仇鹿鸣先生在《长安与河北之间》中指出,魏博在812年对朝廷的归顺,除了田弘正本人的忠君之外,朝廷给予的大量金钱赏赐也是重要原因。但问题是,在金钱的刺激下,唐宪宗虽然表面上恢复了统一,但无力改变河朔藩镇的基本构造,"河北与长安之间的差异并没有得到真正的弥合"。

当政治文化渐行渐远,帝国的共同价值观支离破碎,仅靠并非那么强大的武力的恫吓,以及终有一日不可持续的"金元外交",元和中兴式的统一或许只是炫目但易碎的七宝楼台罢了。

而田弘正之死,恰恰证明了元和君臣将河北藩镇重新拉回中央轨道的徒劳无功。唐宪宗的坚韧与务实,田弘正的隐忍与忠诚,在中央集权离散的历史大趋势面前,被证明只是西西弗斯的悲剧而已。

即使是在田弘正最得意的政治巅峰,也始终有一种声音在阴影处向田弘正嘶吼,"你叫田兴,魏博是我田承嗣的"。

延伸阅读:

《长安与河北之间:中晚唐的政治与文化》

仇鹿鸣著,北京师范大学出版社,2018 年 11 月版

《唐宪宗传》
李天石著,人民出版社,2017 年 10 月版

《中国中古政治史论》
毛汉光著,上海书店出版社,2002 年 12 月版

《危机与重构：唐帝国及其地方诸侯》
李碧妍著,北京师范大学出版社,2015 年 8 月版

《清流文化与唐帝国》
陆扬著,北京大学出版社,2016 年 3 月版

宋真宗

封禅终结者的梦醒时分

1008 年

宋真宗以天书为名，封禅泰山。

天书封禅，这个被宋真宗寄予厚望，视作挽回"澶渊之盟"之耻，全面提升个人历史地位的"盛事"，却成为他一生最大的政治污点。

北宋景德五年（1008）正月初三，宋真宗赵恒突然召集文武百官，亲自宣布了一个特大喜讯：神人此前曾告诉他会有天降之书，现在果然在宫廷内发现了天书。

当着群臣面，宋真宗命人打开了天书，十分振奋人心：赵受命，兴于宋，付于恒（真宗名），居其器，守于正，世七百，九九定。话虽有些拗口，但意思却很明白，当今皇上是神人认可的真命天子。

看见大宋朝和当今皇上都上了天书，据说举国上下欢欣鼓舞，大宋朝在此期间也是各种祥瑞不断，为此，大宋朝还特意改元"大中祥符"。在宰相王旦的牵头下，数万民间父老五次联名上书，要求朝廷举行封禅大典。宋真宗还是矜持地推托了一段时间，而后宣布又收到了一封天书，大约是上天暗示他可以去封禅，宋真宗随即下诏：十月去泰山封禅。

十月初四，以玉辂载天书为前导，宋真宗的封禅队伍浩浩荡荡向泰山进发，路上就走了十七天。斋戒三天后，赵恒头戴通天冠，身穿绛纱袍，在泰山顶完成了仪式感爆棚的封禅仪式。

此次封禅，前后共花了四十七天时间。用《续资治通鉴》中的说法是，"帝自东封还，群臣献贺功德，举国若狂"。宋真宗对此行也无比满意，自觉达到了个人政治生涯的巅峰。

宋真宗

封禅终结者的梦醒时分

邓小南女士在《祖宗之法：北宋前期政治述略》一书中说，"通过层层加码、规模盛大的展示活动，爱渲染'太平盛世'的同时，赵宋皇权的意识形态被充分播散，帝国财政资源被充分调度，礼仪典制及其代表的政治秩序被提高到空前重要的位置"。

在登顶泰山的荣耀时刻，赵恒或许会颇具解脱感地想起三年前的那些血色场景，时而让他倍感屈辱，时而心有余悸。

1004年秋，宋真宗在宰相寇准的力主之下，前往宋辽前线御驾亲征。战争过程险象环生，但最终宋辽双方还是在1005年1月签订了著名的"澶渊之盟"。

宋真宗起初还有些得意扬扬，但当近臣王钦若说这是"以万乘之贵为城下之盟，其耻何如之"，自我期许很高的宋真宗当时就怒了，"城下之盟"一词深深地刺激了这位自视甚高的天子，转而将澶渊之盟视作奇耻大辱与政治污点，"然则如何可以洗此耻？"

如何挽回政治形象？慑服于契丹人的武力的赵恒至少不敢再去想打仗这件事。此时，早有成算的王钦若献计称："惟封禅可以镇服四海，夸示外国。"但封禅也是需要条件的，必须要有天降祥瑞作为前提。

没有祥瑞怎么办？主谋王钦若随即抛出了他的解

决方案,让宋真宗自己主动去制造祥瑞,只要陛下"深信而崇奉之,以明示天下,则与天瑞无异也"。为了让宋真宗安心,王钦若道出了潜规则,"陛下谓《河图》《洛书》果有此乎?圣人以神道设教耳"。

解决了理论困惑之后,宋真宗又开始担心有忠直之名的宰相王旦不愿配合演这出戏。宋真宗的应对方式是:请王旦入宫喝酒。酒局结束后,还送了王旦一坛好酒。王旦回家后才发现,酒坛里装了满满一坛的珍珠。

既然收了皇上亲自馈赠的贿赂,王旦还能说些什么呢?虽然他也很委婉地表示,自己未曾亲眼见过什么祥瑞之物。但是,在本文一开始的天书封禅事件中,王旦的演出已算相当卖力了。

不过,此事日后成为王旦一生的阴影,据说他临终前还对其子说:"我一生别无过失,只有不劝谏天书一事,是我的过错无法赎回。我死后,可为我削发,披穿僧尼穿的黑衣殓葬即可。"

王旦一旦入局,其他大臣和文人就更不在话下了。邓小南在《祖宗之法》中说,宋真宗利用了"大批不能淡忘于进身之途的文人……一时间天下争言符瑞","从丞相到执政,从侍从臣僚到地方要员……各个层级的官员皆难以置身事外"。

寇准的奇异表现则颠覆了他的人设。在第一时间,寇准就表达了不信天书和祥瑞的政治态度,从而进一步恶化了他与宋真宗在澶渊之盟后本已岌岌可危的关系,"上益疏准"。但十一年后(1019),当天书封禅的政治形象已经濒临破产之际,寇准却突然宣称在陕西一带的永兴军又发现了天书,并因此再度入相。

邓小南分析道,以忠节著称的寇准为何会出此下策,"关键在于寇准强烈希望重返政治舞台中心,他本人这一段'不甘寂寞'葬送了他的一世名声"。

而赵恒自己呢?他一度或许已成功地完成了自我麻醉,真心地相信天降祥瑞的真实性,如果不是一场意外,赵恒可能就要长久地成为那个无法叫醒的装睡之人。

大中祥符九年(1016),一场可怕的蝗灾向大宋朝袭来,史书上用"群飞蔽空"来形容。一开始,宋真宗还自信本朝有天命护佑,蝗虫将会自抱草木僵毙,不会造成大的蝗灾,大臣们纷纷应声附和。

但君臣之间的谎言与幻梦迅速被遮天蔽日的蝗虫所惊破。刘静贞女士在《皇帝和他们的权力:北宋前期》一书中写道,"当他(宋真宗)临轩仰视,眼看着漫天飞舞,莫知其际的惊人蝗势之时,他的心中也许已憬然:这所有的天书、祥瑞只不过是一场自欺欺人的骗局而已"。

然后，宋真宗病倒了。刘静贞说，"长久以来的压力与努力，已经让宋真宗身心俱疲。天命祥瑞本是他证明自己、肯定自己的重要征象，而今遮天而至的飞蝗却使这一切都归于幻灭"。

　　《宋史》对此次天书封禅事件的评价相当不善，称之为"一国君臣如病狂然。吁！可怪也"。在宋真宗之前，共有秦始皇、汉武帝、汉光武帝、唐高宗、唐玄宗五位帝王在泰山封禅，但宋真宗的天书封禅却也成了最后一次封禅盛典。后世宋儒虽然不敢直接点名宋真宗，但对此次封禅还是进行了各种嘲讽，什么"取笑当代，贻讥后来""淫祀渎天""封禅之文不著于经典"。

　　在宋真宗封禅的"刺激"下，宋代士大夫对封禅整体上的神圣性也产生了巨大的质疑。正如刘浦江先生在《正统与华夷》一书中说，"从北宋中期儒家复兴运动兴起以后，儒家士大夫便试图从根本上消解被前代视为盛世大典的封禅的政治文化意义……宋儒对封禅的批判彻底祛除了这一盛世大典的神圣性，使得后人不再相信它具有新兴王朝'奉天承运'的象征意义，于是封禅就走到了穷途末路"。

　　没有了光环和神圣性，后世帝王为什么还要趟这趟浑水呢？

除了"如病狂然"的天书作伪之外，后世对于宋真宗天书封禅最大的批评无非就是：你也配？从文治武功而言，宋真宗与前几位封禅帝王相比的确不太出彩，更何况，连千古一帝唐太宗也不在这份名单上。

贞观六年（632），唐太宗曾有封禅之意，谁料遭到了魏征的反对。唐太宗一连用了六个反问句来诘问魏征，"公不欲朕封禅者，以功未高邪？""德未厚邪？""中国未安邪？""四夷未服邪？""年谷未丰邪？""符瑞未至邪？"

对此，魏征都给了肯定的答案，但他还是不同意封禅一事。他的理由是，"然承隋末大乱之后，户口未复，仓廪尚虚"，并且封禅出巡的耗费也过大，"崇虚名而受实害，陛下将焉用之"。

我想要强调的是，宋真宗其实是一位还不错的皇帝，当有大臣反对封禅一事时，他也就是罢官降职，也算有容人之量。宋真宗无法预料的是，"澶渊之盟"在我们这个时代的认知中已远不是什么奇耻大辱或不平等条约，而被视作开创了宋辽边境百年无战事的伟大和平条约，他对此无须感到任何屈辱和抱憾，反倒应该感到自豪。倒是天书封禅，这个被宋真宗寄予厚望，视作挽回"澶渊之盟"之耻，全面提升个人历史地位的"盛事"，却成为他一生最大的政治污点。

对于宋真宗而言，历史对他开了一个如此巨大的玩笑，他可能到死也没搞明白，他是因何荣耀，又是因何蒙羞。

1790 年，乾隆也前往泰山一游，但他特别强调，此行是"为民祈福"，而"非供封禅之用"。在乾隆那个时代，封禅早已是"矫诬侈大之事"，避之不及了。对此，"封禅终结者"宋真宗贡献良多。

延伸阅读：

《正统与华夷：中国传统政治文化研究》
刘浦江著，中华书局，2017 年 9 月版

《祖宗之法：北宋前期政治述略》
邓小南著，生活・读书・新知三联书店，2014 年 10 月版

《皇帝和他们的权力：北宋前期》
刘静贞著，稻乡出版社，1996 年 4 月版

《君臣：士大夫政治下的名利场》
王瑞来著，四川人民出版社，2019 年 3 月版

宋真宗 封禅终结者的梦醒时分

司马光

偏执者如何成就伟大

1085 年

司马光正式复出，

大举废除新法。

司马光固然是一个性格偏执之人，但他通过制度
设计和人才选拔，部分将自己的权力和偏执控制在
安全范围内，维持了旧党内部健康的言论环境。

元丰八年（1085）五月，在洛阳赋闲了十五年之久的司马光正式复出，重回中枢，时年六十七岁。此前一年，司马光刚刚写下了《资治通鉴》的最后一行字。

这一年三月，宋神宗赵顼驾崩，这位变法皇帝启动的熙宁变法（王安石变法）也随之结束。更准确地说，是"被迫"结束，接位的宋哲宗赵煦年仅九岁，大宋的中央权力掌握在垂帘听政的太皇太后高氏手中，而这位从不掩饰对新法的反感的太皇太后，一掌权就着手大举废除新法，史称"元祐更化"。

废除新法需要人。在太皇太后手上，一大批在王安石变法中被边缘化、受到打压的"旧党"人物纷纷复出，如文彦博、吕公著、韩维、范纯仁、吕大防等人，而其中最被太皇太后所倚重的则是名满天下的司马光。

作为日后被指认的"元祐党人"之首，司马光此时在大宋旧党人物中，或者说"保守派"中是最有人望的一位。若欲全盘推翻宋神宗和王安石的变法遗产，实现复辟，放眼大宋朝，没有人比作为"异论之宗主"的司马光更适合。

按照宋人笔记的说法，司马光还在洛阳时，"天下之人日冀其复用于朝"。用葛兆光先生在《洛阳与汴梁：文化重心与政治重心的分离》一文中的说法，司马光和洛阳的那一批旧党人物，仿佛一个现代所谓的"影子内阁"，很多人都期待着他们重新崛起执政。

大宋朝的百姓就是这么想的。宋神宗驾崩之初，司马光奔赴汴京奔丧，苦新法久矣的汴京百姓包围了司马光，不愿放这位众人心目中的救世主回洛阳，高呼"司马相公不要走，留下来辅弼新皇，给老百姓一条活路。"（"公无归洛，留相天子，活百姓。"）

司马光一开始还是拒绝了来自太皇太后和朝野内外让他复出的巨大呼声，毕竟他已 67 岁高龄，身体已有中风的征兆，对朝堂上的政治斗争也心有余悸。但太皇太后认定了司马光是复辟的不二人选，下了好几次手诏责备说："先帝新弃天下，天子冲幼，此何时，而君辞位耶？"

司马光的长兄司马旦也力劝弟弟复出，但最关键性的劝说可能来自和司马光同在洛阳靠边站的程颢："除了司马相公您，朝野上没有一个人能够废除现在的恶政。"说完这番话没多久，程颢就去世了。

君实不出，如苍生何。

司马光复出。

还在司马光正式复出前，他就为复辟解除了一个非常棘手的理论枷锁。朝中新党自知无法在权力上直接对抗太皇太后，就搬出了《论语》中"三年无改于父之道，可谓孝矣"的圣人语录,直指宋神宗尸骨未寒,新皇刚登基就急着废除新法是"不孝"。

司马光除了说了一番大道理反驳以外,还想出一个非常精彩的辩驳理由,直接在话术上驳倒了新党:"现在是太皇太后临朝,废除新法不是'以子改父',而是'以母改子',这又有什么可以顾虑的呢?"

好一个"以母改子",太皇太后听完后如释重负,复辟之路再无大的障碍可言。

此后没隔多久,太皇太后就在司马光的推荐之下对中枢进行了全面改组,旧党官员纷纷复出,新党大员则渐渐被罢黜,从相反的方向重演了王安石变法时官员的"新旧更替"。

有了心底无私、一心为公的司马光,再加上号称"女中尧舜"的太皇太后保驾护航,看上去,复辟大业本应是一帆风顺,被变法中诸多弊端所累的大宋朝也终于否极泰来了。

但以老成持重著称的司马光却在形势一片大好之下,动作走形了。

复出之初,司马光还算是温和的复辟派,主张对新法进行必要的甄别,"便民益国者存之,病民伤国者悉去之"。也就是说,反对意识形态先行,对那些实际操作效果好的新法考虑予以保留。

事实上，宋哲宗的年号"元祐"，也是取了这个意思，按照宋人的权威说法，"元祐之政，谓元丰之法不便，即复嘉祐之法以救之。然不可尽变，大率新旧二法并用，贵其便于民也"。简单说就是，宋神宗的元丰新法有问题，现在找回宋仁宗时代的嘉祐之法补救，两者取长补短，则天下大治。

"新旧二法并用"，话是这么说，但没过多久，司马光就变得甚为偏激急躁，一如当年的王安石一样，自命真理在手，一意孤行，将"新法"和"旧法"绝对对立起来，凡是对方支持的我都要推翻，而且要立即执行，毫无妥协余地，将一切反对派视为"奸邪小人"，容不得任何反对意见。

司马光和王安石两人虽然政治主张完全相反，但从司马光最后十五个月的复辟历程来看，两人有一点是高度一致的：都是纯粹的理想主义者，大公无私，为国为民，一旦认定自己的主张，就义无反顾，不顾个人荣辱利害的全力实现，其中既有罔顾现实情况的偏执盲信，也有不达目的不罢休的执着。

很多人或许会很遗憾，为何人品高洁的司马光会在复出的这十五个月里，像王安石一样走向偏激，不知妥协与变通为何物。我想，可能会有以下几点原因：

第一，司马光在洛阳坐了十五年的冷板凳，之前还经历了新党各种无所不用其极的政治打压，人非圣贤，你要说司马光复出后，对新党一点个人恩怨没有，一点也不会意气用事，可能也是过于神化司马光了，这和一心为公本身也不矛盾。

第二，司马光虽然官至宰相，但从他的政治履历来看，多在京师，少历外任，相对缺乏地方执政经验，即使在中央，担任的官职也以谏臣和侍讲为主，对政治实操中需要的妥协等"为官技能"缺乏感知力。

第三，和王安石一样，司马光在性格上也有学者的一面：较真、黑白分明、理想主义。司马光这种眼睛里容不下沙子的政治性格事实上更适合当台谏一类的官员，而当他全面主持中央政务时，缺乏妥协精神就成了他的性格缺陷。

第四，在他复出的十五个月中，司马光其实已自知时日无多，为了大宋朝日后的长治久安，他很可能想在剩下的时间里毕其功于一役，依靠自己的巨大威望，在短时间内迅速清除新法的遗毒，不想遗祸后世。这可能也可以被视作一种巨大的历史责任感吧。

虽然在复出后犯了一些王安石式的错误，但司马光终究有一点完胜了王安石——他身边的旧党同仁，在人品上比王安石提拔的"新党"强上许多。

司马光　偏执者如何成就伟大

当司马光意气用事走向极端时，他的这些旧党朋友们都站了出来，甚至不介意为新法说几句公道话，而不是像当年王安石变法时那样，新党诸人一个比一个偏激。谁能够更没有底线地推行新法，谁就能够飞黄腾达；谁能够提出更激进的变法方针，谁就能越级提拔。

比如说"免役法"，这是王安石最为重视的新法。他当然知道司马光上台后会"反攻倒算"，大举废除新法，所以一开始还强作镇定。元祐元年（1086）三月，当王安石得知免役法被废之后，终于把持不住，愕然失声道："就连这个法也要废除吗？"（"亦罢至此乎？"）然后极其失落地说道："此法终不可罢！我与先帝可是讨论了整整两年之久才决定推行，自问方方面面都考虑得很周全了"，说罢老泪纵横。

而"免役法"却又是司马光最为心心念念要废除的"恶法"。元祐元年正月，司马光大病一场，自知不久于世，但还是强撑着写信给朝廷说，当务之急莫过于废除免役法。言语之中，甚至透露出不废除则死不瞑目的决绝。

死不瞑目也是一种偏激，就是为了免役法的废除事宜，很多旧党朋友与司马光发生了激烈争论，甚至走向决裂。这些人未必也就是真的认为免役法有多么好，有异议一方面是觉得司马光的废除时间表过于峻急，主张慢慢推进；另一方面是反对来回折腾，既然木已成舟就边行边看。

作为旧党，苏轼、苏辙兄弟就对仓促废除免役法不以为然。苏辙认为，可以先认真总结一下新旧两法各自的优劣之处，和新党人物也应该和衷共济，一起边行边改，不必一上来就匆匆忙忙地废除差役。

苏轼激烈批评司马光说，"专欲变熙宁之法，不复较量利害，参用所长"。苏轼当面向司马光指出，免役法和过去的差役法各有利弊，况且新法已执行了很久，老百姓已经习惯了，就算要废除也只能慢慢来。

司马光听后大发雷霆，苏轼便说："当年韩琦大权在握，你作为谏官和他据理力争，韩公不高兴，你也不管不顾；现在你当了宰相，就不让我苏轼直抒胸臆了吗？"

司马光听后，马上笑着为自己的失态道歉，但依然固执己见。也难怪苏轼事后曾讽刺司马光为"司马牛"，说他的脾气和牛一样犟。"司马牛"和王安石的绰号"拗相公"倒是异曲同工，系出同源。

范纯仁也曾因为反对变法，而遭王安石贬逐，和司马光绝对算是亲密战友了。范纯仁作为老朋友劝说司马光，身为宰相应该"以延众论"，最忌谋从己出。他认为，新法中有一些可取的部分，不必因人废言，全盘否定，比如废除免役法，就可以慢慢来，先小规模试点，有了成效再全国推广，不必急于一时。

和苏轼一样，司马光对范纯仁的劝说也是置之不理，只当耳边风。范纯仁一声长叹："奈何又一位拗相公。"

在废除青苗法的问题上，范纯仁曾和司马光起过一次更大的冲突。两人观点不同其实也没什么，这次苏轼、苏辙兄弟也支持司马光下重手废除青苗法的观点，问题是司马光那种咄咄逼人和动辄君子小人的说话方式，很难让人不想起王安石。

史书上是这样描述当时情景的。元祐元年八月，司马光得知范纯仁等人反对废除青苗钱之后，从病床上暴起，冒着重病冲进宫里，质问太皇太后："不知是何奸邪劝陛下复行此事！"据说一旁的范纯仁当时吓得面如土色，连退数步，一句话也不敢说，青苗钱遂彻底罢去。

但对于司马光的执拗，方诚峰先生在《北宋晚期的政治体制与政治文化》一书中也做出了颇有说服力的"辩护"。方诚峰认为，从司马光复出时向太皇太后提供的"复杂多元"的官员名单中，可以看出司马光对未来大臣之间的异论纷争早有预期，并且他在事实上也接受了这样一种状态：在重要事务上，自己的主张"不过是多种意见中的一种"。方诚峰总结称，"可以确凿地认为，司马光主政期间，在多数重要政事上，都做到了各种意见的并存"。

在某种情况下，"妥协"和"坚持己见"并不矛盾。

也就是说，司马光表面上如王安石一般"司马牛"的背后，其实也有着一定的妥协和宽容，司马光选定的这些人，如苏轼、苏辙，如范纯仁，他们同司马光的"异论"，为元祐更化提供了珍贵的政治活力和弹性，恰恰保证了政治性格有缺陷的司马光不会滑向歧途和一言堂。

而这，难道不可以视作司马光的一种高超的政治设计吗？你甚至可以认为，司马光固然是一个偏执的人，但他通过制度设计和人才选拔，部分将自己的权力和偏执控制在安全范围内，维持了旧党内部健康的言论环境。

人有性格缺陷并不可怕，是凡人都或多或少有性格缺陷，但像司马光这样如苏轼所说的"至诚尽公，本不求人希和"，就真算得是道成肉身式的伟大了。

一个偏执者成就的伟大。

元祐元年九月一日，司马光去世，享年六十八岁。

此时，距离司马光的复出不过才十五个月。从某种意义上来说，司马光是累死的，是为了废除新法累死的。

复出前，司马光的身体状况已经相当不乐观，"目视昏近，齿牙全无，神识衰耗"，用李昌宪先生在《司马光评传》中的说法，"主持元祐更化，他是以衰残之年，羸弱之躯，任天下之责，挽狂澜于既倒，作最后的一搏"。

元祐元年正月，司马光就已病倒，卧病在床四个多月方重新入朝。但当时连走路都很困难，已无法行跪拜之礼。八月，司马光再次病倒，这次就再也没有起来。病中，司马光仍然惦记着废除新法的事，甚至有时不分昼夜地忙碌，有人劝他以诸葛亮"食少事烦"为戒，但司马光却答以死生有命。

临终前，司马光神智已经不清，喃喃自语，如说梦话，但所语"皆朝廷天下事"。家人整理遗物时，发现未及上奏的手稿八页，"皆论当事要务"。

除此以外，司马光几乎没有留下任何值钱的财产，史书上说"床簀萧然，唯枕间有《役书》一卷"，难怪老友吕公著写挽词说："漏残余一榻，曾不为黄金。"

司马光死讯传开后，京城里上万人罢市去吊唁他，夹道哭送丧车离去，全国各地都有人来汴京购买司马光的画像，有的画工甚至因此致富。

太皇太后与十岁的宋哲宗亲赴司马光家中祭奠，赐以"文正"的谥号。据程应镠先生在《司马光新传》一书中所说，北宋一代，只有王曾、范仲淹三人获得过。

在司马光去世前约五个月，王安石也在金陵去世。

司马光虽然与新法似有不共戴天、除之而后快之怨念,但对王安石个人却充满着复杂的情感,对方去世时更展现了政治斗争之外的温情与善意。他在写给吕公著的书信中对王安石的人品和私德大加赞赏,"介甫文章节义过人处甚多,但性不晓事而喜遂非"。他表示,"不幸介甫谢世,反复之徒必诋毁百端",主张朝廷对王安石"宜优加厚礼,以振起浮薄之风"。正是听了司马光的建议,朝廷追赠王安石为太傅。

司马光去世后,他生前定下基调的"元祐更化"还延续了七年,直到元祐八年(1093),太皇太后去世,宋哲宗赵煦亲政。

尽管太皇太后高氏有"女中尧舜"的美誉,但在被压抑的少年赵煦看来,他一直生活在祖母垂帘的阴影之下,连带着将复辟的旧党人物也讨厌上了,认为他们只知逢迎祖母,不把自己这个皇帝当回事。赵煦回忆垂帘时,曾有一句充满怨念的话:"朕只能看朝中官员的臀部和背部。"("朕只见臀背。")

宋哲宗亲政后,新党重新上台,大宋朝廷又开始了新一轮的折腾。尽管只和司马光有过十五个月的交集,但或许出于对司马光当年"以母改子"宣言的不满,崇拜父亲的宋哲宗在以章惇为首的新党人物的影响之下,下诏剥夺了司马光去世时获得的一切哀荣,磨去碑文,砸毁碑身,甚至一度决定掘开司马光的墓,毁棺暴尸。

到了宋徽宗时代，自命为新党的蔡京拜相后，一度被司马光赏识的他将司马光以下共三百零九人扣上元祐奸党的帽子，将他们所谓罪行刻碑为记，立下著名的"元祐党人碑"。

司马光出生于 1019 年，今年是他的千岁诞辰，他复出的这十五个月是他这一生最辉煌也最具争议的段落。

但他在复出时那些求快求全之失，一点也无损于他为国为民的伟大，我很喜欢苏东坡在祭文中的赞语"百岁一人，千载一时"，但还是觉得辛弃疾祭朱熹的那句话更适合在今时今日送给司马光："所不朽者，垂万世名；孰谓公死，凛凛犹生。"

延伸阅读：

《司马光评传》

李昌宪著，南京大学出版社，2012 年 12 月版

《司马光新传》

程应镠著，上海人民出版社，2016 年 7 月版

《北宋政治改革家：王安石》

邓广铭著，生活·读书·新知三联书店，2017年3月版

《北宋晚期的政治体制与政治文化》

方诚峰著，北京大学出版社，2015年12月版

《中国思想与宗教的奔流：宋朝》

［日］小岛毅著，何晓毅译，广西师范大学出版社，2014年1月版

司马光　偏执者如何成就伟大

郭药师

帝国兴亡的搅局者

1125 年

宋将郭药师降金，

燕云防线崩溃。

宋人在那个时代似乎特别热爱玩弄招降纳叛的取巧
伎俩，但一方面军事实力无法保障投机收益，另一
方面在道义上又屡屡授人口实，最终遭到反噬。

大辽保大二年(1122)九月,辽帝国"常胜军"统帅郭药师献上涿、易二州,率所部八千人投降宋朝。

　　曾经不可一世、雄霸东北亚的辽帝国,此时已是奄奄一息。自完颜阿骨打1114年起兵之后,女真精骑的铁蹄已经踏遍了大半个辽帝国,契丹武士屡战屡败,辽天祚帝耶律延禧在1112年的春天已逃入夹山(内蒙古土默特左旗),帝国内部人心惶惶,一派国运衰微、前路茫茫的众生相。

　　这其中就有郭药师。

　　在辽、金、宋三大帝国以命相搏的大时代之中,郭药师起初本是一个不太起眼的小人物。1116年,也就是辽金战争的第三年,郭药师才第一次出现在史书中,辽帝国在东北招募当地饥民组成了一支叫"怨军"的杂牌军,而郭药师充其量就是一名杂牌军军官。

　　随着辽军在战场上的节节败退,这支战斗力非常一般的杂牌军地位飞涨,连带着郭药师也行市见涨,颇有些"世无英雄,而使竖子成名"的意味。再加上郭药师异常擅长左右逢源和内部斗争,"怨军"被改组为正规军意味浓烈得多的"常胜军",而郭药师则被辽帝国任命为统领,大有帝国军界新秀的意思。

但几乎就在这位军界新秀飞速上位的同时，1122年四月①，南边传来了宋帝国对辽用兵的噩耗。郭药师在新上任的那一刹那，或许也曾踌躇满志过，或许还有过带兵北上抗金，重振大辽的心气，但宋帝国对辽宣战的消息显然彻底涤尽了郭药师身上残存的理想主义。

但凡一个对当时"国际局势"了解的人都知道，辽军单挑金军尚且只有招架之功，如果宋军参战，即使这是一支素以战斗力不强著称的军队，但仅以宋军的体量而言，等待辽帝国的只有覆亡一途了。

对此，人精郭药师又岂能不知道？更何况，郭药师虽然未必是什么纯正的汉人，却也肯定不是契丹人，对辽帝国没有什么天然的认同感，更别说家国情怀。既然帝国前途一片漆黑，他一个杂牌军的统领还不忙着赶紧跳船，改换门庭？

对于郭药师这种背景的人来说，他最信奉的应该是实力哲学，只要手上有兵，喊谁皇帝不是喊啊。

既然辽帝国这艘大船很快就要沉没，郭药师也并不介意自己再去多捅几个窟窿，那么，留给郭药师的选择其实就异常简单了，二选一：降金还是降宋。

---

① 此处所指汉字月份系中国传统农历月份。以下同。——编辑注

观望数月之后，郭药师果断降了宋。

如果站在纯算计的角度来看，郭药师的选择的确有些让人费解，女真人的金帝国如日中天，铁骑天下无敌，而宋帝国虽然富甲天下，但军队的战斗力稀松平常，如果郭药师单纯想投奔一个强者的话，那么金帝国肯定是不二选择。

但问题是，实力可能只是郭药师考虑出路时的一个维度，对他这样一个并不打算过太平日子，过惯火中取栗、刀尖舔血式生活的高风险偏好者而言，投奔宋朝很可能有以下几点考量。

第一，宋军虽弱，对辽开战以后连落水狗辽军都打不过，但他常胜军能打啊。无论郭药师是否高估了常胜军的真实战斗力，但基本逻辑是通顺的，宋人越不能打，越会倚重他郭药师和这支强军，越会给他高官厚禄。反之，他常胜军能给金军带来什么呢？金人多得是虎狼之师，不缺他郭药师，郭药师投奔了过去，也不算紧缺人才，得不到什么过高的奖赏。

第二，郭药师不会不知道，燕云十六州对大宋朝和宋徽宗本人有多么重要，帮助大宋收复燕云、封侯拜相，这份盖世功劳足以让郭药师赌性大发。

第三，郭药师可能也低估了辽亡后政治局势的错综复杂。郭药师或许认为，金宋是盟友，金帝国貌似当时也没有表现出对燕云之地的浓厚兴趣，灭辽后双方迅速开战的可能性并不高。更何况，就算开战了，不是还有他常胜军擎天一柱吗？

第四，郭药师或许也有些稀薄的民族感情。从他降宋时给朝廷上的那道感情充沛、强调汉民族认同感的降表可以看出，其中当然是表演的成分居多，但血统不明的郭药师应该还是把自己当作半个汉人的，特别是，他的那支常胜军中汉人的比例也很大，投宋颇有些"海外游子归国"的意思，在没有利益冲突的前提下，郭药师对这样的民族主义叙事并不反感。

降宋后，郭药师一度表现得很积极，大有将自己作为中兴名将的意思。

郭药师个人军事生涯最高光也最丢脸的一战就是所谓的"奇袭燕京"。郭药师大概看过李愬雪夜袭蔡州的故事，当宋辽两军在卢沟桥两岸对峙的时候，他提出了一个很有想象力的作战计划："辽军以重兵抗我，燕山防守必空虚，若选精兵直赴燕山城下，汉民知王师至，必为内应，燕山可破"。

奇袭的上半幕的确是按照郭药师的剧本走的，甚至比他预想的还要容易，郭药师的先锋乔装随乡民押送草车，轻松混进了燕京城，又未经激战就基本控制了全城。

得意忘形之下，郭药师下了一个事后被证明无比愚蠢的命令：只接受汉人的投降，契丹诸房全部杀光。坦白地说，郭药师这么做也很没有政治节操，辽国好歹是你的故国，你为了个人名位投降也就罢了，不求你把枪口抬高一寸，谁知你还刻意做加法，痛下杀手。但这又似乎是历史上很多降将共同的路径选择：为了向新朝输诚，显示自己与旧主彻底决裂，再加上投降后的某种心理受创，会主动做一些比新朝军人还残忍还出格的杀戮，吴三桂如此（杀永历帝），郭药师也是如此。

此时燕京城中除了北辽小朝廷和萧太后外，还有不少契丹人和奚人，本来大多数契丹人、奚人也知大势已去，没有什么抵抗的斗志，但当他们发现，郭药师军在燕京城中真的发动了针对他们的大屠杀时，反倒丢弃了侥幸心理，横竖是个死，还不如奋起抵抗，和郭药师拼了。

就这样，郭药师把一场唾手可得的胜仗打成了一场烂仗，城内的契丹人拱卫着扼守皇宫的萧太后，殊死抵抗，而郭药师军此时满以为大事已定，没有集中全力消灭辽军残余，反倒是忙着酗酒、抢劫和奸淫妇女，让辽军获得了喘息之机。之后，身在卢沟桥前线的辽军名将萧干带兵回援，反奇袭了宋军，宋军大溃，数千精锐死于燕京城中。之前还不可一世的郭药师狼狈地甩下部队，靠一条绳子才逃出燕京。

郭药师　帝国兴亡的搅局者

先胜后败,而且是在占据绝对优势的情况下被辽军翻盘,你说,这郭药师算得上哪门子的名将?

顾宏义先生在《天裂:十二世纪宋金和战实录》一书中还提到一个有趣的细节:此时刚刚从军不久的岳飞也参加了奇袭燕京之战,大军溃散之后,因父丧回到家乡。这也应该是岳飞此生参加的第一次大战役,可能也是最窝囊的一仗。

或许打败仗在宋军里是常规操作,郭药师在这之后竟然官运亨通,凭借着这仗很快就成了大宋在燕京地区的最高军事长官。细细想来,以宋军上下当时的实力和心气而言,燕京这种战争最前线也没有什么成名人物敢来。

宋宣和五年(1123)六月,几年前还是杂牌军小头目的郭药师竟然被宋徽宗诏命入朝,正式搭上了皇帝这根天地线。郭药师在东京汴梁受到了大将凯旋般的极高礼遇,俨然是一方大帅的感觉,用美国汉学名家伊沛霞在《宋徽宗》一书中的说法,徽宗以贵宾之礼对待郭药师,显然是希望他也能"像唐朝蕃将一样戍守北方边境"。

为了显示恩典,宋徽宗送了他豪宅美女,带郭药师去汴京最著名的皇家园林金明池看赛龙舟,还召郭药师入宫参加专门为他举办的酒宴。席间,宋徽宗问可否托付他一件事，郭药师回答说："愿效死。"

但当宋徽宗表示要让郭药师出兵擒拿辽天祚帝，"以绝燕人之望"时，郭药师奉献了一次经典表演，"涕泣如雨"地以"不犯故主"为理由拒绝了宋徽宗，希望另派他人领军。

据说宋徽宗不仅没有怪罪郭药师，反而认为他是不忘旧主的忠臣，赏赐了郭药师。

郭药师以这次经典表演彻底征服了宋徽宗。虽然我不敢说郭药师对天祚帝就没有半点旧情，但从他之前奇袭燕京时屠杀契丹人的残忍表现来看，当以作假成分为主。事实上，此种以愚鲁忠诚博得皇帝欢心的套路也并不算很新奇，当年安禄山不就是这样将唐玄宗一路糊弄到"渔阳鼙鼓动地来"？

宣和七年（1125）二月，郭药师的"故主"天祚帝被金军俘获，辽帝国灭亡（这里不考虑耶律大石的西辽）。

当年十月，所向无敌的金军发动了侵宋战争。郭药师从收复燕云的大功臣一下子又变成宋军对金前线的柱石之将，整个大宋朝都期待着郭药师的常胜军能有个好彩头，挽狂澜于既倒。

但也难怪大宋朝廷对郭药师的寄望如此之高。之前几个月，宋徽宗近臣中号称最知兵的童贯曾去郭药师军中阅兵，在没有人迹的荒野，郭药师在童贯面前把旗一挥，"俄顷，四山铁骑耀日，莫测其数"，郭药师的这一手将也算久经沙场的童贯一行人彻底唬住了，回朝之后便在宋徽宗面前为郭药师打下"必能抗虏"的保票。当然，童贯没有告诉徽宗的是，郭药师遇见自己时，极尽殷勤之能事，甚至以儿子自居行了大礼。

宋廷中还流传一个传说，金帝国使节团在路上碰见郭药师军，都不敢造次地退避一旁，郭药师军胆大到去抢使团的羊羔，凶悍的金人竟然不敢反抗。宋廷对此的解读是，郭药师"威名远振"，只要他在，金军必不敢来犯，然后在内地更没有了备战心思。

不夸张地说，郭药师只和金军打了一仗，就降了。

但是，你也不能说郭药师一开始准备投降，他心中的确还是有一些为大宋建立奇功、位极人臣的想法。

1125年十二月，也就是金宋开战的第三个月，郭药师率领四万五千大军在白河迎战金军。还别说，郭药师虽然没什么节操，但打起仗来却真的敢冒险，军队战斗力也真的还行，至少比大多数宋军都要强上很多，在战斗中郭药师率领精骑鏖战三十里，突入金军营寨，竟然打得金军不支而退。但谁料常胜军中平日与郭药师不睦的大将张令徽，在关键时刻竟然弃军而遁，引发了宋军的全线大崩溃,郭药师继突袭燕京之后又一次功败垂成,而这次的失败却也真的不是他个人的责任。

此战过后,郭药师不仅彻底丢掉了击败金军的信心,而且在宋廷封侯拜相的野心也被雨打风吹去。事实上,即使郭药师此时不想降也不行了,常胜军本就是一支对"为谁而战"无所谓、习惯了更换大王旗的职业军队,战败之后,常胜军斗志全无,内部多股势力都开始自行接洽降金的可能性,甚至有常胜军将领派密使询问金军统帅,"要活的郭药师,还是死的郭药师"。

也就是说,如果郭药师降了金,尚且可以挟常胜军自重,保住权位,如果不降,这支军队也将四分五裂了。

更何况,郭药师没有半点为宋廷血战到底而守节的意思,既然打不下去了,他没有半点的犹豫,迅速做出了献出燕京、向金军投降的决定。据说当金军统帅完颜宗望看到降表时,还有点搞不清楚状况,前几天的胜仗部分出于侥幸,怎么转过头来就降了。

最讽刺的是,白河之战后,宋徽宗为了稳住郭药师,匆忙间竟然准备下旨封郭药师为"燕王",并且王爵可传于子孙,指望激起郭药师的斗志,谁料诏书还未出京城,郭药师已然降了。

关于郭药师的降金,除了金军势大,和以郭药师为首的常胜军反复无常的群体性政治性格这两点原因之外，宋廷自身也是要负不小责任的。

宋徽宗虽然很信任郭药师，而且施恩无数，但是，宋廷对辽国降将又何尝不是反复无常，特别是1123年年底的"张觉事件"，让郭药师和常胜军上下为之寒心。

张觉算是最有名的辽国降将，此人先是投降金国，后来又献上平州叛金归宋，本来嘛，这样的人宋朝哪里能要，这不是公然得罪金人，给了对方骑兵的口实吗？但宋徽宗君臣贪图平州的土地，就冒险接纳了张觉的投降。张觉被金军击败后，逃到燕京，当金国派人向宋朝要人时，宋朝官员先是派了相貌类似的人来冒名顶替，在被金国识破之后，又没有半点担当地杀了张觉，将他的首级献给了金国人。

这一没有信用、没有担当的行径，在让常胜军上下对礼仪之邦宋朝鄙夷至极的同时，也让他们深深担忧起自己的处境，郭药师当时就曾放话，"若来索药师，当奈何？"言下之意是，这大宋朝不是一个可以放心依靠的靠谱大树啊。

降金后，本想在伐宋大业中大干一场的郭药师的戏份并不算多，但却招招夺命。他对金军最大的贡献是，完颜宗望占领燕京后，本想心满意足地领军回朝，谁知郭药师献计说，宋人主力都在河东，河北之地兵力空虚，鼓动完颜宗望一鼓作气,直捣汴京。

完颜宗望听了郭药师的谏言,以郭药师为向导,大举南下。顾宏义在《天裂》一书中总结郭药师的"功劳"说:"郭药师洞悉宋朝虚实情伪,金人孤军深入而能全胜而归者,郭药师的参赞之功甚大"。据《宋史》说,金人包围汴京后,很多促狭的主意,比如像骂孙子一样痛责宋廷,变着法儿地索取各种宝物,都是郭药师的参赞之功。这次,郭药师恐怕就没有在完颜宗望面前谈什么故主情深了,不是每个人都吃这一套。

在完颜宗望和金人那里,郭药师也的确没有得到宋徽宗式的宠幸。事实上,在灭宋过程中,郭药师主要扮演的是高参的角色,并没有得到他期待中的独当一面的兵权。

金人虽然貌似也挺看重郭药师,一度还给了他赐姓完颜的政治荣誉,但他们对郭药师掌握实际兵权却是十分敏感,唯恐成为郭药师反复无常的下一个受害者。完颜宗望有一次让郭药师率领千名骑兵作为向导,这让巅峰时期曾统军近十万的郭药师极为不爽,嫌兵少不肯领命出发,完颜宗望的安抚方式也就是,再给这位昔日的大帅加了一千人,还不让他干这干那。

郭药师至少算是个功臣,金人最多也就是剥夺他的实权罢了,而常胜军的下场就很凄惨了。金军灭掉北宋之后，完颜宗望就找了个借口将常胜军全军缴械，取消编制，遣送回东北老家，只留下郭药师等几名高级将领。

常胜军一大群自居功臣的军官们不知道状况，跑到完颜宗望那里去理论。完颜宗望一开始还若无其事地问这些人："天祚帝待汝等如何?"军官们答称："天祚帝待我等厚。"再问："宋赵皇如何?"再答："赵皇待我等尤厚。"完颜宗望当下就沉下脸说："天祚待汝厚，汝反天祚;赵皇待汝厚，汝反赵皇;我无金帛与汝等，汝等定亦反我，我不用汝等。"常胜军这群军官听完，一句话都不敢说就散了。

当常胜军全军上下打道回东北的路上，完颜宗望组织伏兵，以检查军备器械为名，将八千多人一网打尽，随军家属不分男女老少全部杀光。

就这样，活跃在北中国舞台上数年，曾在辽金宋三大帝国兴亡中扮演了关键却并不光彩角色的常胜军，就以这么一种被斩草除根的形式彻底消失在历史中。

郭药师此刻的心态或许有些兔死狐悲，但更多是劫后余生的侥幸吧。可以肯定的是，郭药师叛辽叛宋时的那些雄心与野心在金人的屠刀之下早就被吓得一点都不剩了。

1132年秋，也就是郭药师降金的第七年，郭药师突然惹上了牢狱之灾，而具体原因史书上也没有明言，大概也是"莫须有"吧，虽然后来获释，但其全部家产被当时的金帝国当权派完颜宗翰所得，折腾了大半辈子，到老却一无所得，郭药师也自此郁郁而终。

《大金国志》对此曾有评论："大金虽以权宜用之，其心岂不疑之哉？始夺其常胜军并器甲鞍马散之，继夺其家财没入之，药师得不死幸矣。"

是啊，大金国至少还留了你郭药师一条命啊。

《金史》对郭药师的一生也有过一段很精要的评论，"郭药师者，辽之余孽，宋之厉阶（祸端），金之功臣也。以一臣之身而为三国之祸福，如是其不侔也"。

在那个时代，金帝国还未发展出一整套基于儒家义理的政治伦理，也没有如乾隆时期那样堂而皇之地编撰出《贰臣传》，但对郭药师此等人的厌恶与提防甚至还要强于清代，如果说清代更多是伦理谴责，那么金代就直接是斩草除根了。

宋朝更是在这其中扮演了一个拙劣的玩火者的角色。从叛辽归宋的马植（后改名赵良嗣），到反复无常于辽金宋三朝的张觉和郭药师，宋人在那个时代似乎特别热爱玩弄这些招降纳叛的取巧伎俩。但一方面自身军事实力无法保障投机获得的政治成果，另一方面在政治道义上又屡屡授人口实，最终遭到了反噬。

从道义上而言，宋朝比郭药师又高明到哪里去呢？

郭药师 帝国兴亡的搅局者

　　就以郭药师之子郭安国作为这篇小文的尾声吧。郭药师虽然一生在金国不受重用，但郭安国在海陵王完颜亮的时代却成为一颗上位迅速的政治新星，据说完颜亮就是因为郭安国"将家子"的身份封他做过兵部尚书。但在伐宋过程中，郭安国的角色非常像一个耍嘴皮子的谄媚之臣，仗还没开打，就上奏完颜亮说："皇上得提前安排起来了，俘虏赵构之后，把他关在什么地方？"

　　这样的话，完颜亮当然很爱听。可见就当官来说，郭安国是比父亲要强一些的。

　　郭安国的下场是，当完颜亮在兵变中被杀之后，他这样的股肱之臣，自然是要一起去陪他的皇上的。

延伸阅读：

《宋徽宗》
[美] 伊沛霞著，韩华译，广西师范大学出版社，2018 年 8 月版

《天裂：十二世纪宋金和战实录》
顾宏义著，上海书店出版社，2012 年 3 月版

韩侂胄

抗金政治学

1206 年

韩侂胄对金发动

"开禧北伐"。

先是秦桧主和，继而是韩侂胄主战，
再是史弥远主和，最后是在和战夹缝中
"骑墙"的贾似道，四大权相，
三种和战立场，在后世却都被视作奸臣。

1206年（南宋开禧二年，金泰和六年）春天，当铁木真"升级"为成吉思汗，踌躇满志地在斡难河源头建立大蒙古国时，临安城中的韩侂胄也正处于人生巅峰的亢奋之中。

自1195年年初罢黜政敌赵汝愚之后，韩侂胄总揽南宋军政大权已达十二年之久。一个他念念在兹多年的政治梦想即将实现：北伐金国，克服中原。

就在这一年四月，在韩侂胄的推动之下，宋宁宗赵扩下诏追论秦桧主和误国之罪，削夺王爵，从"忠献"改谥"谬丑"，贬秦的制词中说："一日纵敌，遂贻数世之忧。百年为墟，谁任诸人之责？"一时传诵，大快人心。

再算上两年前（南宋嘉泰四年，即1204年），宋宁宗下诏追封岳飞为"鄂王"，将岳飞作为北伐的"神主牌"，贬秦崇岳，再加上借重陆游和辛弃疾这两个"北伐文艺权威"的威望（陆游还专门写过"异姓真王功第一"这样的句子推重韩侂胄），韩侂胄可以说已为北伐做好了充分的舆论准备。

就在贬抑秦桧的当月，南宋大军已经开始分"东、中、西"三路向金军展开了全线进攻，拉开了"开禧北伐"的帷幕。或许要感谢"不宣而战"达成的突然性，宋军在战争初期打得很顺，连连攻城拔寨，特别是勇将毕再遇仅带了87人就出奇兵一举拿下了泗州城。

韩侂胄 抗金政治学

泗州大捷的消息传来，韩侂胄感觉恢复中原指日可待，便奏请宋宁宗于出兵次月，也就是开禧二年五月下诏北伐，正式对金宣战。这篇诏书一开头就气势逼人，"天道好还，盖中国有必伸之理，人心助顺，虽匹夫无不报之仇"；行文中还大有传檄而定的雄心，"西北二百州之豪杰，怀旧而愿归；东南七十载之遗黎，久郁而思奋"。

不过，韩侂胄的这次"开禧北伐"，似乎所有的好运和豪情都留在了前两个月。几乎就是在宋宁宗的北伐诏书颁布之后，一个又一个战场败报向临安传来。

自命忠君爱国的韩侂胄可能很想问：我究竟做错了什么？

试着以后见之明说几点。

第一，动机不纯。 首先我们得明确，韩侂胄的北伐并非如诸如《宋史》中的"反韩派"言论那样，单纯是为了巩固个人权位和"立盖世功名"，甚至也不是纯粹的好大喜功或心血来潮，而是有深厚社会基础的。在南宋的朝局中，针对宋金和战问题，"主战派"一直是主流思潮之一，特别是在秦桧去世后，主战思潮渐有压倒主和思潮的趋势，辛弃疾、陆游和陈亮这样的人算是当时的"舆论领袖"，宋孝宗更是终生以恢复为念，且即使是主和派，反对北伐的理由也不是"放弃恢复"，只是说时机未到罢了。

我们有理由相信，韩侂胄的北伐主要是出于"公心"，但是，他的立功心切虽然在政治道德上没有什么太多可指摘之处，立功立言本就算是正常的人生追求，但的确在客观上对北伐造成了实质性损害。比如，对辛弃疾这些可能"抢功"的人若即若离，一心想独占恢复之功；再比如，在各种条件尚不充分的情况下，就急于求成、贸然出兵。

　　第二，准备不足。这一点和"动机不纯"直接相关，某种意义上是属于衍生品。平心而论，韩侂胄不是什么没有军政经验的愣头青，不可能一点战前准备不做就仓促北伐，但除了通过"贬秦崇岳"在舆论上做的准备很充分以外，在军事上、经济上做的那些准备都有"临时抱佛脚"之嫌。比如，韩侂胄为了筹措南宋奇缺的战马，试图从大理国和吐蕃那里求购战马，还大举练兵，从水军到骑兵到弓箭手方面都有一些动作。但是，韩侂胄或是出于心急，或是对军事规律缺乏敬重，这些准备工作在嘉泰三年（1203）才刚上手，不到三年就已发动北伐，两年多时间就想练出一支强军，这不是天方夜谭吗？虞云国先生在《南宋行暮》一书中对韩侂胄式的战争准备批评称，"这些临阵磨枪式的战争准备，不能说一无效果，但在因循苟且、贪污刻剥的政风、吏风、军风下，其成效大可怀疑"。

就连南宋那些激进的主战派，尽管在大的价值观上积极支持韩侂胄的北伐大计，但都对韩侂胄的仓促出兵不以为然。比如辛弃疾，曾对北伐的时间表有"更须二十年"的说法，辛弃疾的政治主张与其说是尽快北伐，更不如说是希望朝廷卧薪尝胆，尽早地做好包括练兵、情报、财政等方面的战争准备，而不要得过且过、因循苟且。开禧元年，也就是北伐前的一年，辛弃疾还作了那首著名的《永遇乐·京口北固亭怀古》，借宋文帝刘义隆的北伐失败表达了他对时局的担忧，"元嘉草草，封狼居胥，赢得仓皇北顾"，辛弃疾的话日后还当真应验了。

第三，低估对手。金国乱亡在即，金军不堪一击，即使宋军准备不足，北伐胜利也唾手可得，这或许也是当时包括韩侂胄在内的主战派的战争逻辑。开禧元年，南宋使节李壁使金归来，放言"敌中赤地千里，斗米万钱，与鞑为仇，且有内变"，韩侂胄闻之大喜。金国当时外为蒙古所扰，内为饥荒所困，这些情报都没有错，但问题是，如果韩侂胄由此得出"金军不堪一击"的结论就大错特错了。

当时金帝国处于金章宗的统治末期，尽管国势不振，但金章宗在位期间好歹也有"明昌之治"，国力的底子还在，人口正处于金帝国的巅峰，不战自乱只是文人的幻想罢了；在军力方面，金军固然不再是当年那支"女真满万不能敌"的强军,但此时还未经过蒙古大军的荼毒,主力尚存,完颜宗室还有一批名将在,更何况,我们后世所说的金军战斗力下滑更多"对标"的是蒙古铁骑,如果相比宋军,金军只强不弱。在开禧北伐中,金军一度纵横无敌,逼近长江防线,甚至让时人看到几分全盛时期的影子。

第四,用人失当。在开禧北伐中,韩侂胄用人失当的恶果几乎从一开始就频频爆雷。最神奇的是,除了我们之前说的毕再遇以外,韩侂胄看中的各路将帅无不是纸上谈兵,遇敌即溃之辈,很多人连基本的战场经验都没有。我无意用"韩侂胄所用之人都是奸人"这样的泛道德化话语来解释,但有一点是明确的,这些人都是"鼓吹北伐"之人,和韩侂胄一拍即合,北伐口号喊得越高调,官做得越大,而相应的,他们的实际军事才能反而越是被韩侂胄忽视了。

其中有两个用人失误甚至是致命的。第一个是韩侂胄的头号亲信苏师旦,深得韩侂胄信任的他,在战前就被赋予了人事大权,而他竟然胆大到公开卖官鬻爵,据说还有视官职大小公开定价一说,让即将出兵的北伐大军掌握在一群买官卖官人的手中。更神的是,如此种种唯独把韩侂胄蒙在鼓里,韩侂胄后来和人喝酒时偶然得知后大怒,这才将苏师旦罢官抄家,但为时已晚,开禧北伐此时已是一败涂地。

第二个人是吴曦。吴曦本是威震川蜀的"吴家军"第三代，虽然心怀异志，但由于在临安当官被剥夺了兵权，所以也是"枭雄无用武之地"。但一心想回川的吴曦贿赂了韩侂胄的亲信，就轻易地被放回了四川，并说服韩侂胄任命他为宋军北伐西线的统帅。韩侂胄这个决定酿成了大祸，没几个月，吴曦就在北伐前线"火线投敌"，还得到了金章宗的册封，满足了他独霸四川的野心。要不是吴曦后来被心怀忠义的部将刺杀，南宋面临的就不是北伐失败的问题了，反过来被金军两面夹攻，一举灭掉的可能性都有。

而对于像辛弃疾这样真正能打仗的人呢，韩侂胄反而刻意晾起来，或者说，只把他当作北伐的招牌，却不给其真正掌军的机会。辛弃疾曾说过，"侂胄岂能用稼轩以立功名者乎，稼轩岂肯依侂胄以求富贵者乎？"邓广铭先生在《辛弃疾传》一书中认为，韩侂胄对辛弃疾"忽而呼之使来，忽而又麾之使去"，表明"韩侂胄一派人一直还不曾有对当代豪贤分任权责、共立功业的廓然大公之心"。

嘉泰四年（1204）年初，辛弃疾在被宋宁宗召见时曾说："敌国必乱必亡，愿付之元老大臣，务为仓促可以应变之计"。"元老大臣"是谁？比较普遍的说法是，辛弃疾在委婉地劝告皇帝，北伐要多用有沙场经验的老臣老将,不能交给那些没有经验的幸进者胡闹,虞云国先生在《南宋行暮》中认为,辛弃疾在言语之间甚至不无自荐的意思。

开禧三年秋,看见战事一败涂地,韩侂胄终于想到了辛弃疾。但辛弃疾收到诏令时,已经是病重卧床不起,只得上表请辞。没多久,辛弃疾病逝,据说临终前还高呼"杀贼"。

第五,内部不稳。韩侂胄号称权倾朝野,在北伐这个问题上,实际上远没有在朝廷内部促成共识。比如说后来反韩政变的主谋史弥远,一看到战事不利就开始四处串连,甚至与对韩侂胄早有不满的杨皇后搭上线。何忠礼先生在《南宋政治史》一书中甚至认为韩侂胄有点心慈手软,在北伐前放弃了对主和派政敌的打击,这些人不久就恢复高位,而韩侂胄自己又用非其人,导致他在朝中四面受敌。

最讽刺的是,如果说韩侂胄决定北伐的确有巩固个人权位的意思,反而恰恰是北伐,让他曾经一度稳固的权位开始松动,最后甚至落得个被暗杀的下场。

更重要的是,韩侂胄也没有搞定宋宁宗。在北伐问题上,宋宁宗始终模棱两可,没有定见,虽然没有正面否决韩侂胄的北伐决断,但也没有给予明确的支持。北伐失败后,宋宁宗曾评论称"恢复岂非美事,但不量力尔",

143

韩侂胄 抗金政治学

这可能才是他真实的想法。周密在《齐东野语》中也佐证说,宋宁宗"乃守成之君,无意兹事"。

试想,如果宋宁宗有定见,宋廷要么就放弃轻举妄动,暂缓北伐,积蓄国力,等待时机;要么就是上下一心决定开战,也就不会在战事初期不利之后,逐渐陷入和与战游移不定的尴尬状态,也不会到后来甚至出现了前线将帅对继续战争虚与委蛇的状况。在这样的情况下,南宋已经丧失了进行长期战争的政治能力。

第六,实力不足。 这也可能是"开禧北伐"失败的最核心原因。《南宋行暮》一书深刻地写道:"金人入主中原以后,双方随着'时移事久,人情习故',已与南宋在地缘政治上形成了一种势均力敌的抗衡态势,谁也吃不掉谁。从绍兴末年金主完颜亮南侵,中经隆兴北伐,直至开禧北伐,不论率先发动战争的是宋还是金,从来都没能如愿以偿过,其间地缘政治的综合因素似在冥冥之中起着决定性的作用。"

虞云国先生对宋宁宗和韩侂胄这对北伐君相组合也相当不看好,"开禧北伐时南宋的综合国力显然不及隆兴北伐之际,再加上开禧君相的因素,宋金地缘政治的格局不可能改变,北伐失利是无可避免的"。

开禧三年(1207)十一月三日,韩侂胄遇刺身亡。这固然是一场有偶然性的宫廷政变,史弥远结盟杨皇后,背着宋宁宗才杀掉了韩侂胄。但是,当时韩侂胄已有"不得不死"之势,在主和派重新占据上风的情况下,朝中众臣普遍认为开战"元凶"韩侂胄已经成了宋金和议的绊脚石,代表性说法是,"今日欲安民,非议和不可;欲议和,非去侂胄不可"。而在金人那边,也将"献首祸之臣"当作议和的先决条件之一。

而事实上,韩侂胄被杀之后,首级最终竟真的到了金人手里,金章宗为此还祭告天地,举行了盛大的"献首仪式",礼毕,将韩侂胄的首级,悬挂在高高的旗杆上,供看热闹的群众观瞻,之后还将之做成"标本"藏入军器库。

一代权相,生前风光无限,最后却落得个身首异处。

从政治责任的角度出发,韩侂胄力主开战又丧师辱国,"任情妄动",被罢官也是早晚的事,考虑到他是依靠"绍熙内禅"此种宫廷政变起家,那么甚至被刺杀也可以视作政治阴谋家"上得山多终遇虎"的归宿。

但是,堂堂大宋重臣,事败之后,死则死矣,被作为谈判"筹码"送到敌国是怎么回事?这羞辱的哪里是韩侂胄,而是大宋朝的国家尊严吧?当时甚至有很多与韩侂胄不和的主战派大臣都看不下去了,有人就站出来说"韩侂胄头不足惜,但国体足惜"。还有太学生作诗说:"自古和戎有大权,未闻函首可安边",甚至将韩侂胄比

99562322222

作汉景帝时代因主张削藩而蒙冤被杀的晁错。

嘉定元年（1208）九月，在史弥远的一力主导下，宋金签署了"嘉定和议"，坦白说，虽然史弥远此人的主和政见已经堕落到"乞降"，但和约也并没有传说中的那么屈辱，其实也就是加了岁币十万两而已，金军收了一笔"赎地费"之后也将新占的土地还给了南宋。

当然，这在很大程度上也不是史弥远的谈判之功，而是因为在金帝国的北方，正在坐大的蒙古让金人坐卧难安，不想和南宋过多纠缠。

也就是从"嘉定和议"之后不久，史弥远成为下一个不可一世的权相，权势与韩侂胄比有过之而无不及，在宋宁宗、宋理宗两朝擅权长达 26 年，最后不仅落得了个"善终"，还没有像秦桧、韩侂胄那样进入《宋史·奸臣传》。

周密在《齐东野语》中曾为"奸臣"韩侂胄抱不平说："身陨之后，众恶归焉；然其间是非，亦未尽然。"严格地说来，韩侂胄算不上什么奸臣，至少无法与秦桧相比，他纵然轻举妄动、丧师辱国，但更准确的定位是于大宋朝有大过的"罪臣"，才具不足而自视甚高，是典型的志大才疏之辈，但你非要说他在道德上多么不堪邪恶，或许有些"欲加之奸"了。

时过境迁之后，金国处置韩侂胄身后事的举动颇值得玩味。金国后来追封韩侂胄为"忠缪侯"，认为他"忠于为国，缪于为身"，还将几经侮辱的韩侂胄首级最终安葬在他的先祖——韩琦之墓旁边。《南宋行暮》一书认为，金国后来将此事札报南宋，其中不无讥讽的意思：比起你们本朝来，我们敌国的评价似乎还公正些。

纵观南宋一朝，"和战"始终是政治上最核心的主题，中前期是对金和战，后期是对蒙和战。尽管宋人王应麟的"绍兴、隆兴主和者皆小人，开禧主战者皆小人"的判断绝对化、简单化，但也显示了宋人在面对"和战"与"忠奸"反复搅和在一起时的某种困惑。

先是秦桧主和，继而是韩侂胄主战，再是史弥远主和，最后是在和战夹缝中"骑墙"的贾似道，四大权相，三种立场，在后世却都因为"和战"的各自立场表现，尽数被视作"奸臣"。

如果将"和""战"两者均视作一种价值中立的政治态度，不再与"忠""奸"密切捆绑，或许就会发现，除了秦桧罪无可逭，其他三人皆有可议之处。即使是秦桧之奸，也不是"主和之奸"，而是为了达成"主和"，而去构陷忠良、压制舆论、终致血债累累之奸。"主和"与"主战"是中立的，但在各自时代情势之下，作为权相重臣如何去推行它，如何去贯彻它，才是人品政品的试金石，当然，你得出的答案很可能仍然是暧昧不清的。

对于开禧北伐的大败局，还有一种神秘主义的上帝视角，如果韩侂胄北伐晚上几年，不用十年，比如只要五年，北伐几乎就是必胜之局。正是在开禧北伐后的第五年（1211），成吉思汗发动了灭金战争，当年便在野狐岭歼灭金军四十余万主力。

若是韩侂胄此时出兵，对金帝国可能顷刻便是灭顶之灾。但历史的悖论是，如果金帝国比真实历史中早亡国20余年（金帝国于1234年亡），对南宋真的是好事吗？

只有天知道。但这真的不是韩侂胄所能应对的天下大局。

延伸阅读：

《南宋行暮：宋光宗宋宁宗的时代》
虞云国著，上海人民出版社，2018年9月版

《南宋政治史》
何忠礼著，人民出版社，2008年10月版

《辛弃疾传·辛稼轩年谱》
邓广铭著，生活·读书·新知三联书店，2017年3月版

贾似道

『奸相』的最后一战

1275 年

13 万宋军在丁家洲惨败于

元军,贾似道遁逃。

面对横扫欧亚的无敌元军,
又有谁,又有哪种万全政纲
可以保得南宋江山? 思来想去,
让贾似道一人背上亡国的所有罪责,
是最为便捷、最顾及君臣大义的
"顾全大局"之举了。

南宋德祐元年（1275）正月十五，元军大举南下，六十三岁的宰相贾似道受命于危难之时，向年仅四岁的宋恭宗赵㬎呈上了一道《出师表》，情真意切不让于诸葛亮。

贾似道在《出师表》中写道："臣以老病之身，遭时多艰，岂复能以驱驰自勉""与其坐待其来，于事无补，孰若使臣决于一行，以求必胜事理，较著有不难知者""臣有三子三孙，留之京师，日依帝所，以示臣无复以家为意。否则苟免而已。宁不愧死于斯言哉！深切迫急，拜表即行"。

上表第二天，贾似道亲自率军十三万，战舰两千五百艘，沿江西上，迎战一路势如破竹的元军。帝国存亡，在此一战。

二月十九，宋元两军在位于安徽铜陵一带的丁家洲展开大战，宋军大将孙虎臣开战伊始便弃阵先遁，引发宋军大面积溃败，亲率后军在鲁港压阵的贾似道在仓皇之中，与孙虎臣一起"以单舸奔扬州"，途中试图归拢溃兵未果，还遭到了败兵的谩骂。对于权倾朝野、威望极高的贾相而言，这样的轻侮和狼狈在此前简直是无法想象的。

就这样，南宋在丁家洲之战中丢掉了最后一支可以与元军对峙的主力军团，非但军心丧失殆尽，沿江州郡的"小大文武将吏,降走恐后"。立国三百余年的大宋朝由此进入了倒计时。

对于此战的耻辱溃败,身在前线督师的贾似道显然要负主要责任。战后,文天祥在诗中指斥贾似道丁家洲之败时,似乎在情感上仍然无法接受,这个临阵脱逃的丧师者就是当年那个运筹帷幄、一战却敌的贾大帅,"己未鄂渚之战,何勇也;鲁港之遁,何哀也!"

而贾似道呢?当他与十三万大军一起仓皇溃逃之时,不知是否还能够想起,十六年前那个雄姿英发的自己,以及成就了他令名的鄂州解围。贾似道的所有光环与荣耀,都在丁家洲一败后轰然崩塌,以至于后世在正史中将他的鄂州抗元之功一笔抹杀,刻意不传,似乎不如此就无以塑造一个前后统一的奸相人设。

当时还曾有诗云:"丁家洲上一声锣,惊走当年贾八哥。寄语满朝谀佞者,周公今变作周婆。"

南宋开庆元年(1259),为了配合大汗蒙哥在四川的进攻,东路蒙古大军在皇弟忽必烈率领下大举渡淮,临安震动,权相丁大全甚至主张迁都避战。宋理宗赵昀此时想到了他的小舅子贾似道,遂将抗蒙兵事交由他统一指挥,令其率十万禁军救援鄂州,后还在军中火线任命贾似道为右丞相兼枢密使。贾似道能为宋理宗所看重,和他的姐姐贾贵妃关系并不大，贾贵妃已去世十三年之久，再是什么宠妃也人走茶凉了，更何况此事关系国之存亡，远非什么赚功劳的便宜事，贾似道的上位主要还是因为他在作为抗蒙前线的扬州治军理政成绩斐然，在淮南局部战场上曾数挫蒙军兵锋，深得朝中知兵之人的青睐，就连南宋中后期最杰出的名将孟珙，生前据说也曾举荐过贾似道。

尽管贾似道在战事中并未显现多少在前线亲冒矢石的临阵指挥才能，但他调配军事资源的组织天赋却是显而易见的，胜过了绝大多数同时代的宋军高级将领，更何况，贾似道还有文臣背景。几乎是在最短时间内，贾似道便率军抵达鄂州前线，一时军心大振。

无怪乎文天祥日后的惊诧。贾似道在鄂州之战中展现出的从容与胆略和丁家洲之战中的仓皇失措判若两人，其间甚至还曾出现亲率七百士兵突出蒙军重围，移师至黄州的个人英雄主义桥段。若非后来的身败名裂，"七百壮士"又是一个可以被后世反复改编的军事神迹。

对贾似道最高且最客观的褒奖来自他的对手。当忽必烈听闻贾似道"作木栅环城，一夕而成"时，对身边近臣说出了一句不能更高的褒奖："吾安得如似道者用之。"

贾似道　「奸相」的最后一战

另有一则记载是，蒙军久攻鄂州不下，军中将领推诿于士人，说就是因为士人劝忽必烈少杀人，造成鄂州没有出于恐惧而开城投降。忽必烈以贾似道为标杆驳斥道："彼守城者只一士人贾制置，汝十万众不能胜，杀人数月不能拔，汝辈之罪也，岂士人之罪乎！"

从以上两则忽必烈的言行来看，大有对贾似道惺惺相惜的意思，真心钦佩敌军统帅的军事才能。

此后没多久，蒙古军就主动撤军北返。此次撤军的主要原因固然是忽必烈急欲带兵杀回漠北，和弟弟阿里不哥争夺大汗蒙哥去世后空悬的汗位。但如果不是贾似道的及时救援和坚决抵抗，忽必烈很有可能也不会放弃他起初速战速决拿下鄂州的想法，而一旦鄂州被占，之后的历史发展将会充满更多变数。

《宋史》《元史》都曾记载说，忽必烈退兵前，贾似道曾主动遣使求和，签下屈辱的城下之盟，而南宋后来亡国，则是由贾似道蒙蔽朝廷事后违约所致。对此，近年来史学界很多学者都撰文"澄清"称，贾似道并未签订什么有约束力的"鄂州和议"，更何况什么传说中的割地称臣，这只是时过境迁之后，元人为了鄂州一役无功而返大力开脱，以及为后来再次侵宋找个"欲加之罪"罢了。

何忠礼先生在《南宋政治史》一书中就写道："这次鄂州议和，既未达成具有实质性内容的协议，更未形成书面文字,仅仅就是双方同意议和的意向和南宋方面作出愿意妥协并交纳岁币的承诺而已。"

在何忠礼看来,这场为时一百余天的鄂州保卫战,是"以南宋的胜利而暂告一段落","不管贾似道后来的表现如何,但他作为指挥此次战争的最高统帅,亲临前线,沉着应战,力挫敌人的战功却不能抹杀"。

鄂州解围的消息传来,南宋朝野上下对贾似道大有感激涕零之感,贾似道一时声望无两。用张春晓女史在《贾似道及其文学交游研究》一书中的说法就是,"此时举国对贾似道鄂渚蒙宋之战的活国之力都深信不疑,并无异辞",对贾似道的攻击都是丁家洲之战的后话了。

诗人刘克庄将鄂州解围视作"不世之功","以衮衣黄钺之贵,俯同士卒甘苦卧起者数月。汔能全累卵之孤城,扫如山之铁骑,不世之功也!"宋理宗说得甚至更夸张,直指贾似道之功"更生王室,有同于再造","自卿建此不世之殊勋,民赖之而保其居,朕赖之而保其国"。

读历史很有趣的一个地方就在于,你会发现在同一个人身上,在不同的时间情境之下,竟会得到两种截然相反但却同样过激的评价。贾似道诚然是鄂州解围的头号功臣,但像宋理宗和刘克庄这样定位为"不世之功"则过分抬高了,毕竟,若拿贾似道与采石矶大捷的功臣虞允文相比,就真是太忘形了。

不可否认,贾似道在鄂州解围之后的巨大乃至过头的荣誉,部分就是他自我炒作的。贾似道回朝时上表宋理宗称:"诸路大捷,鄂围始解,江汉肃清。宗社危而复安,实万世无疆之休!"一方面夸大自己的战功,另一方面又刻意忽略忽必烈撤军的主因是为了回草原争大汗之位,而至于什么"议和",则更是绝口不提了,多少也算操纵了舆论。

但鄂州解围终究是一场胜利,虽有贾似道主动参与的溢美之处,但和后世舆论中的"讳败如胜"却是有本质性不同。肖崇林和廖寅在《"福华编":南宋末年贾似道执政时代述论》一文中曾写道,"贾似道的显赫事功虽有虚假的一面,但真实的一面更多,他以一定的实际事功加上巧妙的欺骗,赢得了个人威望的巅峰"。

南宋景定元年(1260)四月,挟"不世之功"的贾似道入朝拜相,从此独揽大权达十五年之久,跨越理宗、度宗和恭宗三朝。贾似道的拜相绝对算是众望所归,天下士人寄望这位中兴名臣"早早归庙廊,天下尽欢娱",似乎只要贾相坐镇,从此天下无事,西湖歌舞可以永远地唱跳下去。

如果说在鄂州之战前后的贾似道是宋室功臣的话,那么,其作为权相的这十五年,则是充满争议,忠奸难分了。就贾似道时代最重要的几个争议性政治事件，我们不妨一一检视。

第一，弄权。这个的确没法"洗白"，贾似道的确是一个权力欲极强之人，掌权后党同伐异，打击政敌的确无所不用其极，弄权擅权这些词安在他身上都不为过。但是，宰相擅权在南宋中后期本就是普遍现象，宋理宗在"端平入洛"失败后早已心灰意冷、无心朝政，宋度宗更是一个耽于酒色的甩手掌柜，这个权贾似道不来"擅"，也总要有一个人来"擅"，贾似道虽弄权，却毫无僭越之举，对赵宋王朝有着起码的忠诚。

更何况，贾似道在弄权中并未做过什么特别超出底线的伤天害理之举，远非晚明那些血淋淋的政争，更未出现过民不聊生的现象。或者说，你可以用"权臣"等略带贬义的词来定义他，他本就不是什么光明俊伟的政治家或贤相名相，然而，用"奸相"来形容他的执政生涯，至少是证据不足。

第二，声色犬马。《宋史》中似乎特别喜欢塑造贾似道不学无术、醉生梦死的形象，一上来就说他"少落魄，为游博，不事操行"，就是不去说人家明明是进士出身。在那个贾似道最有名的浪荡子段子中，宋理宗夜里登高望见西湖中灯火异常，就对左右侍臣说"此必似道也"，第二天问询后果然如此，还派京尹史岩之去劝诫贾似道。但我们日常说这个段子时，往往有意无意地遗漏了一个小细节，史岩之说："似道虽有少年气习，然其材可大用也。"

贾似道当权后，特别是在宋度宗即位后，的确渐渐疏于国事，五日一朝，自号"半闲老人"。但史书中把这一段时间的他塑造为只知荒淫享乐则是过于捕风捉影了，更不必说给他安上了一个这个时代最为闻名的人设"蟋蟀丞相"，"尝与群妾踞地斗蟋蟀，所狎客入，戏之曰：此军国大事耶？"写得和网络段子一样。

且不说文人趣味是两宋几乎所有重臣宰相的另一个面相，就说"只知享乐"和"权臣"这两个人设难道没有一点逻辑冲突吗？有很多资料显示，贾似道在执政后期的确曾有急流勇退的想法，多次向宋度宗请辞宰相，而且并不都是所谓的"弄权要挟"之举，可以说，贾似道真的是有点干不动了，或者说，最后阶段的"倦政"也显示了他对中兴大业的幻灭。

《"福华编"：南宋末年贾似道执政时代述论》一文中则从另一个角度为贾似道"辩护"称："贾似道以或虚或实的事功以及与理宗的特殊关系得以主导南宋最后一段时间的政局，其初亦想富国强兵，缔造一个真实的'福华'时代，但改革的失败使其彻底绝望，遂沉浸于虚幻的'福华'世界和醉生梦死的生活之中。"

第三，乱改革。贾似道当政时期，为了挽救南宋日衰的国势，曾想以自己的政治威望为赌注，全力推动一系列旨在富国强兵的改革，其中最有名的就是所谓的"公田法"，以赎买私田来应付巨大的军费开支。他也从而被后人攻击为"王莽第二"。

何忠礼先生曾指出，虽然公田法在执行过程中出现了很多弊病，但"这绝非贾似道的罪状，而是他的一个政绩"。他在《南宋政治史》中说，宋元战争虽然激烈进行，但军饷供应却始终获得满足，"这应该说是实行公田法的最大成果"。

在某种程度上，贾似道在公田法改革中赔上了自己的声誉。《南宋政治史》写道，"贾似道所以受到后人唾骂，固然由于他的腐朽统治，促使了南宋的灭亡，但也与他推行公田法，得罪了江南的地主、士大夫有一定关系"。

第四，逼反名将刘整。作为南宋末期的名将，刘整在 1261 年的降元不仅让南宋元气大伤，而且让元朝多了一个熟悉宋廷虚实和军事机密的骁将，对元军打赢襄阳战役，乃至加速灭宋进程起了极其关键的作用。对于刘整之降，过去最流行的说法就是归罪于贾似道的嫉贤妒能、清除异己。事实上，虽然不能说贾似道对此不负任何责任（至少也要负上失察之失），但主要责任者还是与刘整不睦的吕文德和俞兴,"整益危不自保"才最终决定降元。

退一步说,贾似道在军中培养亲信排除异己固然损耗了宋军的很多战斗力,但吕文德和李庭芝这两位名将却也都被贾似道委以重任,这难道不可以说是一种识人之明吗?

最中肯的意见还是来自忽必烈。灭宋后,忽必烈曾经问南宋的降将:"你们为何说降就降呢?"这些人回答说:"贾似道专擅国柄,只优待文官,轻视我们武官。我们早就对他不满了,所以干脆投降算了。"忽必烈勃然变色:"就算贾似道轻视你们,这也是他个人的事,你们的皇帝又哪里对不起你们了?照你们所说的,贾似道轻视你们也是应该的!"

第五,羁押蒙古使臣郝经。贾似道为了掩盖当年在鄂州的和谈真相,秘密扣留郝经于真州长达十七年,不仅成就了对方的"苏武"之名,还成了之后忽必烈侵宋的口实。扣押对方使臣无论从外交礼仪还是政治伦理而言都是极其不恰当的,更何况还是秘密扣押,这也足以显示贾似道为政远非光明磊落,喜行阴谋诡计。但是,如果将扣留郝经导致蒙古出兵作为宋亡的主因,也过于书生气了。蒙古侵宋本就是处心积虑已久之事,对宋用兵也从未休止,没有郝经这个借口也会找其他的,对此明人曾公允地点评称，"如罪其羁信使之类，皆欲加之罪之辞也"。

当然，无论扣押郝经与蒙古开战有无干系，贾似道此举都不是一个自命为礼仪之邦的宰相应该做的事，可以说是丢尽大宋国格了。

第六，救援襄阳不力。这也是贾似道一个经典的黑点，大意就是：如果不是贾似道贪于享乐，以及出于私心的刻意阻拦，襄阳本可以无限期地守下去，然后南宋也就不会被灭了。总之，南宋的灭亡就是贾似道一人的责任，你躲掉了这个锅，却避不开下一个锅。

但事实上，襄阳之战从 1267 年打到 1273 年，历时六年苦战，大小战事上百次，贾似道和南宋以倾国之力，基本打光了手中所有的牌。在主帅方面，一开始是吕文德担任京湖制置使，总理襄藩一带战事，吕文德在 1269 年去世后，贾似道又任命李庭芝为京湖一带的主帅；在军将方面，用《南宋政治史》的说法就是，"南宋几乎将所有能征善战的劲卒和骁将都调集到了京湖战场"，夏贵、张世杰、范文虎，后来竟一直调到了以张顺、张贵为首的民兵，你说，贾似道还可以做什么？贾似道还有什么？

毕竟，当年鄂州之战的胜利由很多偶发因素造成，你指望贾似道和宋军面对硬实力高出自己一大截的蒙古精兵，还能再创奇迹，就真的是过于苛求了。能和蒙古大军在襄阳打上六年,放在当时蒙古人征服了半个欧亚大陆的情境之下,已经算是相当难得了。

况且,若不是当年贾似道的公田法改革,连年战争的南宋拿什么和元军在襄阳以举国之力鏖战六年。即使如此,南宋也还是基本耗光了国力,当时有人评论说,"今朝廷竭天下财力以援一州而不能"。可见,贾似道和朝廷都真的尽力了。

当丁家洲战败的消息传到临安之后,贾似道本以为还能控制局势,一度还想运作迁都,给亲信韩震写信说,"但得赵家一点血,即有兴复之望"。但光环尽失的贾似道已经没有机会了,朝中的那些曾经无比忠诚的心腹大臣们,似乎在一夜之间就都变成了贾似道的敌人,用宫崎市定先生在《贾似道:南宋末年的丞相》一文中的说法,"或嚣然问责,或弹劾往事,或上书言贾似道不臣之状,或论处以极刑"。而提出极刑论的人,就是贾似道曾经最为器重的大臣陈宜中。

宋末当权士大夫之无耻可见一斑,但也可以说,精于权术和政争的贾似道在中枢提拔的都是些什么样的人啊,如此的士风官风,贾似道岂能不败,南宋焉能不亡?

树倒猢狲散也就罢了,散了还不忘反戈一击。反倒是当年曾和贾似道姐姐争夺过皇后之位的太皇太后谢氏站出来说了句公道话，"似道勤劳三朝，安忍以一朝之罪，失待大臣之礼"，亡国前还不忘优待士大夫的传统，也算是宋室的最后一点体面了。

太皇太后本想将贾似道罢官作为了结，谁料朝中群情汹汹，无奈之下，谢氏只能下令将贾似道流放至福建漳州。

此时，一个"英雄人物"出现了。德祐元年（1275）八月，在漳州木棉庵中，与贾似道有家仇的县尉郑虎臣在木棉庵中将其杀死，有种说法是，贾似道被逼服毒自杀，谁知一时没有死透，腹泻不止，心急的郑虎臣在厕所内干掉了贾似道。

《宋史》似乎想塑造一个为天下除奸的义士形象，给郑虎臣安排了一句气冲霄汉的台词，"吾为天下杀似道，虽死何憾？"到了后世，随着贾似道形象的不断沦落，郑虎臣的形象也不断高大，到了冯梦龙的《喻世名言》中的《木棉庵郑虎臣报冤》那里，贾似道之死已经演化为奸臣误国的道德教化故事，而就是因为教化味过浓，这也成了冯梦龙笔下比较乏味的故事之一。

按照宫崎市定的说法，这个所谓的为国除奸，很可能就是一个低俗的政治斗争故事，最忌惮贾似道东山再起的陈宜中指使郑虎臣杀掉了贾似道。

陈尚君先生在为《贾似道及其文学交游研究》一书

贾似道　「奸相」的最后一战

作序时曾写道:"直到鲁港兵败,所有希望曾集于他一身,所有罪责也都集矢于他一人,这是贾似道的悲剧。"

贾似道依靠鄂州之战所获得的那些或真或假的荣耀,都被精于权谋的他转化为十五年的滔天权势。但丁家洲一败,又使贾似道这些半是鞠躬尽瘁、老成谋国而来,半是阴谋权斗、党同伐异而来的权势,一朝之间丧失殆尽,到最后,这样一个功过互现的复杂政治人物,被脸谱化为《宋史·奸臣传》中的最后一人。

明人在笔记中也曾有言曰:"宋至度宗有必亡之势,虽得贤相亦能何为?未可专责似道也?"

关于贾似道政治形象的逆转,宫崎市定曾说:"那些曾为贾似道所笼络、重用,而最终抛弃了他的南宋大官,大多都在仕元之后埋首著述,此辈往往对贾似道进行肆意谩骂,并将南宋的灭亡归结于其一人身上。"

但又能如何去责备这些士人呢?南宋之亡,不怪贾似道和一众前辈奸臣,难道能去怪那些平庸且贪图享乐的赵家皇帝们?毕竟,他们也都算不上什么昏君暴君;或者让这些同为士人的写史者去整体批判南宋的士大夫阶层,去批判他们"平日袖手谈心性,临危一死报君王"的麻木不仁?去批判他们既无理论资源,也无实操能力去应对元兵来袭的巨变?这不仅是求全责备,而且是整体否定了士大夫治国的合法性,这可能吗?

说到底，面对横扫欧亚的无敌元军，又有谁，又有哪种万全政纲可以保得南宋江山？道德不足以亡国，但道德也不足以救国吧。

思来想去，让贾似道一人背上亡国的所有罪责，是最为便捷、最易于阐释、最顾及君臣大义的"顾全大局"之举了。

贾似道必须是一个亡国奸相。

延伸阅读：

《贾似道及其文学交游研究》
张春晓著，崇文书局，2017 年 11 月版

《宫崎市定人物论》
[日] 宫崎市定著，林千早译，浙江人民出版社，2018 年 4 月版

《南宋政治史》
何忠礼著，人民出版社，2008 年 10 月版

《宋元战争史》
陈世松等著，内蒙古人民出版社，2010 年 3 月版

贾似道　"奸相"的最后一战

元世祖

大汗与皇帝

1285 年

元世祖的太子真金猝然谢世，

宣告"汉化梦"破灭。

在忽必烈的政治生涯中，他始终试图在
"汉法"与"蒙古旧俗"间找一个最佳
平衡点，但这一切的前提是，他始终是一个
蒙古人，汉语都不太会说的蒙古人。

1251年六月,36岁的忽必烈收到一个足以改变他政治命运的消息:大哥蒙哥登基成为蒙古帝国第四任大汗。作为蒙哥同父同母的四弟,忽必烈很快就被赋以重任,总领漠南汉地军国庶事。

从此,忽必烈的命运就与汉人、汉地和汉文明纠缠不清,直至开创了大元帝国。

金莲川开府风波

忽必烈是一个很喜欢"养士"的人,很有点唐太宗即位前苦心经营"秦王府"的意思。成为汉地事务的总负责人之后,忽必烈"征天下名士而用之",建立了一个庞大的谋臣侍从集团,仅可考的就有六十多人,这就是历史上著名的"金莲川幕府"。

尽管"金莲川幕府"的人员构成十分多元,但其中相对最有影响力的还是汉族儒生和士大夫群体,刘秉忠、姚枢、许衡、郝经、赵璧这些"潜邸旧臣"日后哪个不是元初响当当的名臣。

正是在开府金莲川期间,忽必烈获得了"信用儒术""行汉法""以夏变夷"此类带有浓重汉化色彩的"敏感"标签。宪宗二年(1252),大儒元好问和张德辉北觐,请求忽必烈接受"儒教大宗师"的称号,忽必烈丝毫没有犹豫地笑纳了。

可以说,在此时的北方汉族士大夫眼中,忽必烈简直是那野蛮狂暴的蒙古帝国中唯一的"希望之光",是蒙古宗王中对汉文明最了解且最有同情心的一位。士大夫们幻想着,如果蒙古人的统治是不可避免的,那么为什么不可以是忽必烈做中国之主。正如李治安先生在《忽必烈传》中所说,金莲川幕府的形成,"是忽必烈主动吸收汉法制度,并与中原士大夫实行政治联合的良好开端"。

但是,当这种有意无意的"汉化色彩"为忽必烈在中原士大夫和军阀集团(自金帝国时代沿袭而来的汉地世侯)那里收获了巨大的政治支持和事实上的政治联盟的同时,却也让他深深得罪了蒙古的"草原本位主义者"。

蒙哥或许不算是一个深度的"草原本位主义者",但他对忽必烈的"亲汉"倾向至少是不以为然的,在身边那些守旧势力的鼓动下,他几乎对弟弟动了杀心,让忽必烈遭受了政治生涯中的第一个重大挫折。当然,蒙哥对忽必烈的不满也未必是纯然出于意识形态和政见不合,忽必烈在汉地赢得的那种"天下归心"式的巨大威望让这位有雄才的蒙古大汗无法不产生猜忌之心。而颇具讽刺意味的是,汉族士大夫越表现出对忽必烈的"爱戴",则越让忽必烈身处险境。

宪宗七年（1257），蒙哥派亲信大臣阿蓝答儿，南下"钩考"忽必烈属地的财赋，用现在的话来说，就是搞审计来了。阿蓝答儿一出手就把忽必烈搞得无比狼狈，王府的亲信在这场被称作"阿蓝答儿钩考"的政治大整肃中几乎被一锅端掉，光被折磨而死的据说就有二十多人。忽必烈从未如此真切地感受到，在大汗的无上权力面前，自己在汉地所谓的滔天权势简直不堪一击。

　　这时候，忽必烈的汉人谋臣姚枢站了出来，劝说忽必烈不要硬抗，不要去过多计较，解铃还须系铃人，应该亲自返回蒙古汗廷哈拉和林，在大汗面前表明心迹，以示自己的忠诚与无辜。忽必烈依计回到汗廷，据说向蒙哥敬酒时两兄弟相对而泣，蒙哥甚至不让忽必烈再去辩白什么，就下令撤销"钩考局"，主动结束了这场政治风波。

　　对于此次风波的结束，兄弟情深固然是有的，但也可以说，忽必烈此时本就没有什么异心，他的坦诚相待主动觐见消除了蒙哥的猜疑。当然，你还可以说，蒙哥代表拖雷一系夺得了汗位，在蒙古帝国内部本就杯葛不断，为了巩固汗位，蒙哥也很需要重用同为拖雷系的四弟忽必烈，才能压制窝阔台系等派系的挑战，与忽必烈彻底决裂并不符合蒙哥的政治利益，有限度的敲打可能本就是一开始的政治算计。

　　姚枢此策可以说是釜底抽薪，是典型的汉人式政治智慧,或许在这一刻,忽必烈也真正感受到了汉人政治谋略的"博大精深",尽管,这次风波就是由他"亲汉"而起。无论如何,如果不是姚枢的建言,忽必烈万一与蒙哥撕破脸,性命之危或不至于,但日后很可能就没有建元登基的荣耀了。

北上夺位

如果说蒙哥的即位为同为拖雷系的忽必烈打开了充满想象力的上升空间,算是忽必烈政治生涯第一次重大机遇的话,那么,蒙哥于1259年七月在四川钓鱼城的猝然去世,则算得上忽必烈的第二次重大机遇。毕竟,蒙哥之死,不仅为忽必烈搬去了压在他头上且嫌隙已生的一代雄主,而且更重要的是,让忽必烈成了下一任大汗的热门人选。

蒙哥去世时,忽必烈正在鄂州前线与宋军作战,虽然此时的正确选择是立即退兵,北上与七弟阿里不哥争位,但一心求战功的忽必烈还是有些不甘心,放话"吾奉命南来,岂可无功遽还?"此时,就如前次姚枢在"阿蓝答儿钩考"中的角色一样,又是一位金莲川幕府的儒臣在关键时刻点醒了陷入执念的忽必烈,日后因为被贾似道囚禁16

年而闻名的郝经专门写了一篇《班师议》，直言忽必烈应"以退为进"，"断然班师，亟定大计，销祸于未然"。当然，忽必烈的退兵，在客观上也成就了贾似道的"抗蒙大功"。

1260 年三月，忽必烈在开平抢先登基，成为蒙古帝国第五任大汗。而按照蒙古的旧俗，大汗应该在漠北召开的忽里台大会上由蒙古贵族们推选而出，至少这也是一个必须走的形式。而忽必烈的自行称帝显然背离了蒙古的既有规矩，更何况，忽必烈甚至没有回漠北的蒙古本部走这套合法性程序，而是选择了开平这座位于草原与农耕农牧交错带、"亦蒙亦汉"的新城登基。

甚至连即位的各种仪式，忽必烈也选择了"汉化"。在即位诏书中，他自称为"朕"，称哥哥元宪宗蒙哥为"先皇"；即位一个多月后，忽必烈又效法中原王朝建元"中统"，要知道，从成吉思汗到蒙哥的四位大汗，都没有使用年号，甚至年号也弥漫着浓浓的汉人正统味，所谓"中统"，就是"中华开统"，就是中央王朝的正统。

十一年后，至元八年（1271）十一月，忽必烈将国号由"大蒙古国"改为"大元"，取《易经》"大哉乾元"之意，将蒙古帝国正式纳入了汉族中原王朝的行列。

在蒙古草原的那些贵族甚至牧民们看来，不按规矩来的忽必烈已然背叛了淳朴的蒙古旧俗，沉迷于汉人的那一套假模假式而不能自拔，只有"蒙古本位主义者"阿里

元世祖　大汗与皇帝

不哥才是蒙古大汗的不二人选,才配得上草原的拥戴。

　　甚至有一种观点是,忽必烈在开平的自行登基未必单纯是他的个人意愿,而是受了汉族士大夫的极力推动所致。在汉族士大夫眼中,如果敌视汉文明的阿里不哥即位,将是汉人和汉文明的灭顶之灾,只有"亲汉"的忽必烈即位,才能阻止这一恐怖前景的发生,因此,汉人不仅要极力推动忽必烈参与夺位,还要尽全力帮助忽必烈击败阿里不哥。

　　甚至可以这么理解,忽必烈和阿里不哥这两位兄弟之战,已经在某种程度上演化为"亲汉派"和"蒙古本位主义派"这两大集团的大决战,是决定了蒙古帝国向何处去的命运和路线之战。

　　无论汉族士大夫对忽必烈的"亲汉"立场是否作了一厢情愿的过度解读,在之后的大战中,汉族士大夫连同汉地世侯的确为忽必烈的战争效了犬马之劳。阿里不哥的最大优势是得到了蒙古本土的人力支持和资源支持,单论蒙古骑兵的话相对忽必烈而言具有某种军事优势。忽必烈的比较优势在于,他不但麾下有蒙古军队的武勇,而且得到了汉地巨大的人力支持和经济支持,可以说,忽必烈的军队是一支多民族构成的多元军队,又拥有远超蒙古本土的经济实力,在真实战场的对决上,忽必烈军具有打赢战争、特别是长期战争的实力保证。

而战争的进程也果不其然，从 1260 年始，经过四年的鏖战，至 1264 年七月，忽必烈最终彻底击败了阿里不哥。正如李治安先生所说，其间尽管战场胜败互现，但汉地的人力物力支持成为忽必烈的一张"王牌"，确保了忽必烈可以不计一时成败，连续持久作战，直至最后胜利。

事实上，阿里不哥的失败不单纯是战场上的失败，战争打到后期，阿里不哥军已是连粮饷供应都保证不了，真正是打成了破落户，最后不得不亲自以蒙古传统的罪人仪式到忽必烈军请降。

经过与阿里不哥一战，蒙古的本土派实力元气大伤，短期内再也无法构成对忽必烈的实质威胁。此时，一些汉人士大夫或许正在畅想，忽必烈可以真正放开手脚，大胆推行全盘汉化，"以夏变夷"，像金帝国一样将蒙古帝国改造为又一个中原王朝。

李璮之乱

但忽必烈让汉族士大夫们失望了，历史的转折或许就是因为一桩偶然事件。

中统三年（1262）二月初，自父亲李全开始就作为世侯盘踞山东的李璮突然起兵反元，让正与阿里不哥鏖战的忽必烈陷入了两线作战的窘境中。

不过忽必烈的"平叛"进程倒是顺利得出奇。李璮起兵时气势汹汹，南边向南宋称臣请求援军，北边积极联系其他汉地世侯力图组成反元联军，但一打起来，仅用了半年，李璮就全军溃败，自己在济南大明湖投水自尽，还因水浅未死被援军活捉。

但试想，如果其他汉地世侯确如李璮所设想的那样联动起兵，忽必烈可能就真的危险了。汉地世侯们没有参加叛乱反而积极出兵征讨李璮，究其原因，其一，固然有实力对比的权衡；其二，他们将亲近汉人与汉文明的忽必烈视作"自己人"，缺乏反抗异族的动力。从这一点而言，忽必烈也算是求仁得仁，因为自己的"亲汉"而得到了"福报"。

但是，忽必烈却没有按照这个逻辑思考下去，他有着自己的逻辑，将李璮的反叛视作自己"亲汉"的恩将仇报，对在一系列战争中大力支持过他的汉地世侯产生了深深的不信任感，以至于准备除之而后快。

在平叛后不久，忽必烈就下令罢黜有如小诸侯林立的世侯制度，不仅废除了封地改为中央直辖，而且令世侯们交出原先统率的"私家军队"，从根本上消弭了下一个李璮的出现，一手平定李璮之乱的史天泽被当作了典型首先开刀，史家子弟一天内有 17 人被解除了兵权。但好在，忽必烈并没有斩尽杀绝的意思，在世侯们交出兵权和土地之后，就不再追究。忽必烈甚至表现得比赵匡胤的杯酒释兵权还要大度，像史天泽和张柔、张弘范父子这些人日后仍然得到了重用，封侯拜相，指挥崖山灭宋之战的张弘范死后甚至得到了封王的殊荣。

如果说李璮之叛让忽必烈对汉地世侯信任全失的话，那么文臣王文统的参与反叛则让忽必烈与和自己一路携手走来，甚至构成了某种政治同盟性质的士大夫集团之间产生了不可逆转的裂痕。关键是王文统曾深受忽必烈信任，几年之间就坐到了几乎相当于宰相的高位（平章政事），总管内外百司的政务。

忽必烈在诛杀王文统前曾对他说："朕拔汝布衣，授之政柄，遇汝不薄，何负而为此？"像这样一个重臣竟然参与反叛，对忽必烈心理冲击可想而知，认为他"负国恩而谋大逆，死有余辜"，甚至由恨极王文统而扩大到愤恨整个士大夫儒臣集团，也并不奇怪，毕竟王文统算是文臣之首了。

在征伐阿里不哥与平定李璮之乱这两场几乎发生在同一时间的战事之后，忽必烈的"亲汉"倾向发生了重大转折。若将这两场战事合在一起看，或许可以得出这样的结论：除了忽必烈在主观上受到李璮和王文统的反叛刺激以外，忽必烈之所以放弃"过度"亲汉路线，与打赢阿里不哥之后，亟须安抚蒙古本部的"草原本位主义者"有关。毕竟来自蒙古草原对他的支持才代表了这位蒙古大汗的真正合法性来源，失去了蒙古草原的支持，忽必烈的蒙古大汗之位也就名存实亡了。从某种程度上来说，放弃"过度"亲汉，也是一种做给蒙古本部看的政治姿态：我忽必烈最终还是咱们蒙古人自己的大汗。

如果再腹黑一点地想下去，忽必烈一开始的"亲汉"固然有个人偏好和眼界的原因，但其间未必没有他想收复汉地人心、挟汉地的人力物力自重，进而争夺蒙古大汗的政治考量。一旦坐稳蒙古大汗的位置，汉地对忽必烈的政治价值也就相对降低了，无非是"鸟尽弓藏、兔死狗烹"的经典逻辑，此时，忽必烈必然会转而表现出对蒙古本部和蒙古价值观的高度认同，收复同族人心，实现黄金家族和蒙古人内部的大和解。

以这个逻辑而言，击败阿里不哥之后，忽必烈的政治转向很可能是不可避免的，李璮之乱作为一个意外，可能只是加速了这一进程和力度，以及让忽必烈的转向变得更加大公至正、顺理成章，得以将其间"兔死狗烹"的无情政治逻辑深深地隐藏起来。

阿合马之死

李璮之乱后，忽必烈对汉人士大夫集团由充分信任转向了戒备防范。不过，蒙元治理汉地仍然少不了士大夫的参与，马上得天下的蒙古人也干不来政务的事，此时，忽必烈想到了蒙古人的"老朋友"：色目人。

中统三年(1262)，忽必烈在汉地设立了十路宣慰司，16名官员中，蒙古人与色目人多达9人，占总数的56.25％。至元二年(1265)，忽必烈又下令："以蒙古人充各路达鲁花赤，汉人充总管，回回人充同知，永为定例。"意思很简单，地方官员的选派上，汉人不能充任一把手。

色目人和蒙古人一样，在汉地都是占少数的外来者，两者具有天然的亲和性。更何况，多数色目人都是蒙古贵族的仆从和奴隶，对蒙元政权在利益上休戚与共，无须怀疑他们的忠诚，置于李璮之乱后忽必烈对汉人士大夫的忠诚产生了怀疑的背景下，色目人在政治上得势简直是必然的。

但色目人还有一点常常容易被忽视的"优点"，就是多为商人出身的他们善于理财，这使得他们几乎把持了蒙元政权从上到下的各大理财岗位。相对而言，汉族士大夫不仅普遍缺乏理财的经验，而且本就深受义利之争的影响，在前代王安石变法和新党已然臭名昭著的情况下，汉族士大夫对"理财"和打着广开财源名义的"敛财"更是保持着天然的距离感。

问题的关键是，说忽必烈雄才大略也好，穷兵黩武也好，这位大汗总归是一个花钱如流水的主子，而且是数十年如一日地花钱如流水，这就决定了，无论忽必烈是否仍然亲近汉臣，只要汉族士大夫集团不擅长甚至抵制各种理财敛财，眼巴巴等钱花的忽必烈在政务上必然会和汉族士大夫保持距离甚至边缘化，也必然会重用敛财有术的色目人。说到底，理财是忽必烈和蒙元朝廷的刚需，而汉人的儒学则过于高远和不实用。你孔子哪怕说得再有道理，能变出钱来？

这就是色目人阿合马登上政坛继而青云直上，得宠于忽必烈专权二十年"不得不"的大背景。

正是在1262年李璮之乱后，阿合马开始逐步接管王文统被杀后空缺的理财大权。在阿合马掌握理财大权的20年间，无论他如何弄权擅权，素有识人之明的忽必烈始终不闻不问甚至有放纵其权倾朝野的嫌疑，究其根本，不过是如上所说，求钱若渴的忽必烈身边不能没有阿合马这样的敛财高手，忽必烈离不开钱，也就必然离不开阿合马。

而出于儒家的耻于言利、不与民争利的理论导向，汉人士大夫集团也必然会与阿合马产生剧烈的冲突，并且此种冲突未必全然是因为阿合马如何弄权，与汉族士大夫发生了权力之争（我们有理由怀疑弄权这一点在史书上被渲染、被过分放大），而更是因为阿合马的敛财在理论基础上就与儒家理论水火难容。

我们可以看到，在长时间的政治争斗中，阿合马始终居于上风，圣眷不衰，将许衡这样的"潜邸旧臣"斗出了朝廷中枢。许衡与忽必烈不可谓君臣相遇不深，但终究因为忽必烈离不开阿合马而黯然出局。此时，旧情并不重要，好恶也不重要，最重要的就是钱。

汉人士大夫集团与阿合马的矛盾发展到最后，眼见在朝廷内的"合法"政治斗争无法奏效，索性铤而走险，在至元十九年（1282），发生了王著杀阿合马事件。

阿合马被杀之后，一开始忽必烈勃然大怒，不仅对阿合马的葬礼极尽哀荣，而且大举诛杀了王著和"同党"数百人。之后当忽必烈发现阿合马有悖主之举后，虽然又将阿合马剖棺戮尸，但这只能说明忽必烈抛弃了阿合马，以及其中不无借阿合马尸体安抚汉族士大夫集团的意思，却丝毫不能说明忽必烈抛弃了"理财派"官僚。阿合马被杀后仅 5 年，另一个色目人，理财高手桑哥又粉墨登场。

忽必烈或许离得了阿合马，但他绝离不开"理财派"。无论士大夫集团对此如何不满，终究无力回天。这就好比忽必烈在击败阿里不哥前，无论时局如何，也不改对汉族士大夫集团的倚重。

时也势也。

真金之死

权倾朝野的阿合马被杀得如此之易,原因之一是王著他们不仅假借了平素憎恶阿合马的太子真金的名义,而且还拉了一个伪装的"假太子"在一旁迷惑震慑阿合马,如《元史》中说,"阿合马所忌惮者,独太子尔"。

太子真金,是一颗儒家下的蛋,年轻时便接受了系统的汉式儒家教育。如《忽必烈传》所说,"太子真金学儒读经较多,对汉法的认同与接受,明显超过乃父忽必烈"。

甚至真金的立储,本身就是"汉化"的结果。蒙古传统的汗位继承制是忽里台大会推举制,自忽必烈战胜阿里不哥后,汉臣们就纷纷建议采用中原王朝传统的嫡长子继承制来确保皇位继承。忽必烈最终又一次打破了蒙古旧俗,出于自利采纳了汉臣的建议,于至元十年(1273)二月下诏立真金为皇太子。

颇具阴谋论地说,当士大夫集团发现忽必烈"改弦易辙",对汉人汉法的热情远不如过去之时,他们的注意力就逐步转移到真金身上,希望通过对真金的全套正统儒学教育以及耳濡目染,在下一代君王身上实现"和平演变"蒙元政权,将其彻底改造为一个汉化政权的目标。

掌握了教育权的士大夫集团越是发现忽必烈的政见与汉法渐行渐远，就越有动力在太子教育上"纠偏"，将真金打造为一个比忽必烈更接近"汉化"的蒙古人。

可以说，士大夫集团曾经无限接近了他们的目标。在士大夫集团与阿合马的长期冲突中，真金始终站在色目理财派的对立面，公开支持汉法派。在士大夫集团的重臣们逐渐被阿合马排挤出中枢的逆境中，如《忽必烈传》所说，"太子真金又成了唯一可以和阿合马抗衡的汉法派领袖人物"。

真金曾有过一段批评"理财派"的经典语录，言语间与汉族士大夫已无任何区别，"财非天降，安得岁取赢乎！恐生民膏血，竭于此也。岂惟害民，实国之大蠹"。

时间本站在士大夫集团这一边，只要他们足够耐心，等到忽必烈驾崩的那一天，他们很可能就可以依靠新帝真金实现汉化蒙元政权的宏图。

但问题是，士大夫集团过于操切了，心急之下犯了一个致命错误。至元二十二年（1285），某位汉人御史竟然上书要求年届七十的忽必烈禅位，"春秋高，宜禅位于皇太子"，对于权欲仍盛的忽必烈而言，这自然是无法容忍的。

尽管起初为之震怒的忽必烈在权衡之下，最后"大度"地决定对此事不了了之，但43岁的真金却在惊惧之下猝然谢世。

真金一死，士大夫集团寄予厚望的汉化改革之梦由此破灭，汉法派在朝廷中枢也由此丧失了最后的支持力量。

可以说，士大夫集团和汉化派既输掉了当下，也输掉了未来。

"内蒙外汉"

公允地说，忽必烈从未彻底抛弃过汉法。法国学者格鲁塞早在1939年的《草原帝国》中就提出忽必烈推行的实际上是一种"二元政策"。

这种"二元政策"，说是"内蒙外汉"也好，"内北国而外中国"也好，李治安先生在《忽必烈传》中说的可能更为贴切，"他的一生都是在努力编织政治文化的蒙汉杂糅之梦"。本质上，忽必烈既是"承袭草原传统的蒙古帝国第五位大汗"，又是"作为中原王朝系列的元王朝的开国皇帝"，他的双重角色决定了他不得不游走于"二元政策"之间。

《元史》为忽必烈努力营造的那个汉化帝王的形象，在某种程度上是作为儒家士大夫的编著者自身的心理投射,未必符合历史的本来面目。

甚至忽必烈前期和后期的政治倾向转换可能也被夸大了,忽必烈可能一直都是那个"内蒙外汉"的蒙古人,他最珍视的角色可能更是蒙古大汗,而不是中原王朝皇帝。

作为一个现实主义者,忽必烈也深知汉法和士大夫集团对于统治汉地的极端重要性,他可能从来就对"汉法"中那些过于高远的说法不屑一顾;但又对有实操价值的汉法礼敬有加。在忽必烈的政治生涯中,他始终试图在"汉法"与"蒙古旧俗"之间找一个最佳平衡点,当情境与时势发生改变时,他又一次次身段柔软地重新定位那个平衡点。或者说这一切的前提,他始终是一个蒙古人,甚至连汉语都不太会说的蒙古人。

最讽刺的是,无论忽必烈多么珍视蒙古大汗的荣耀,从他定都中原建立元帝国开始,蒙古帝国与大汗的身份已名存实亡,有时连名义上的宗主权都不被承认。正如萧启庆先生在《内北国而外中国》一书中所说,"各地蒙古政权皆已地方化,无法共同拥戴一个远在天边,难以认同的大汗"。

无论忽必烈想还是不想,他最终还是成了一个中国皇帝,而不是他梦想中的那个作为帝国共主的蒙古大汗。这也是一种求之不得的悲喜剧吧。

延伸阅读：

《忽必烈传》

李治安著，人民出版社，2015 年 3 月版

《忽必烈的挑战：蒙古帝国与世界历史的大转向》

［日］杉山正明著，周俊宇译，社会科学文献出版社，2013 年 6 月版

《蒙古帝国的兴亡》（上下）

［日］杉山正明著，孙越译，社会科学文献出版社，2015 年 12 月版

《内北国而外中国：蒙元史研究》

萧启庆著，中华书局，2007 年 10 月版

《大一统：元至元十三年纪事》

史卫民著，生活·读书·新知三联书店，1994 年 10 月版

《剑桥中国辽西夏金元史》

［德］傅海波、［英］崔瑞德编，中国社会科学出版社，1998 年 8 月版

魏忠贤

厂公变形记

1627 年

崇祯即位后仅数月，

"逼死"魏忠贤。

魏忠贤缺乏足够的文化素养，

又没有任何国家层面的政治经验，

单凭一些不入流的小聪明和阴谋诡计，

就真的可以操盘内忧外患中的大明帝国了？

清康熙四十年（1701），一位叫张瑗的巡城御史在北京郊外巡视时突然震惊地发现，在西山碧云寺一侧，有一座极其壮丽宏大的魏忠贤坟墓。

　　出于巨大的政治责任感，张瑗立即上疏康熙，痛心疾首地表示"乃畿辅近地，尚留此秽恶之迹，僭越之制，何以儆巨憝、昭大法哉？"，要求毁碑平坟。这一请求立即得到了康熙的批准，将魏忠贤的大墓彻底铲平，再无任何遗迹。

　　2017 年 12 月 11 日是厂公魏忠贤逝世 390 周年，墓虽早已湮灭，却也不必担心厂公的身后凄凉。在今天的中国互联网上，想必处处都有公公的隔代知音们在虎目含泪，为千古奇冤打 call。

　　百度贴吧里有一个"魏忠贤吧"，标语叫"厂臣魏忠贤功在社稷，海内之共见共闻"。吧内文章的标题多为《魏忠贤不死明朝不灭，东林党才是祸国殃民的废物》《东林党人误国，如果魏公公没死就好了》《魏忠贤：大明帝国的最后守护神》此种经典画风；一篇大概是吧主写的镇吧强文更是大走煽情风，"即便抛开魏忠贤的功过不说，我们在这里要学习的是他的精神，从一个家徒四壁的农民出身，混到权倾朝野的人物，这其中包含了多少智慧、辛酸和汗水？"

魏忠贤　厂公变形记

这分明就是厂公大人的生祠啊!

也就在这十年间,魏忠贤成了网络历史学界的翻案宠儿,热度直追十多年前的李鸿章。最近的一个高潮是,《绣春刀2》在2017年7月上映前后,微信朋友圈里似乎是猝不及防地来了一波"魏公公翻案风",将深藏在百度贴吧与知乎中的厂公粉们纷纷召唤了出来。

东林党和魏忠贤似乎成了价值观的两端。一位知乎网友说得煞是有趣,"十岁时,魏忠贤的形象,全凭电视剧描述,一个非常不堪的大坏蛋。十五岁,读了几本书,多数是其残害东林党人的事,魏的形象更加不堪。二十岁时,接触的史料多了,又觉得东林党人更祸国殃民。如今二十五岁了,再也不敢轻易给历史人物下结论了"。

一般来说,"厂公粉"都是"东林党黑"。他们或许一知半解地读过《万历十五年》中的一些说法,坚定地认为,东林党是明亡的最大罪人,空谈误国,大搞党争,对抗皇权,反对对富人收税。而魏公公呢,厂公粉们从不粉饰他的道德情操,这的确没啥好洗的,封锁言路、滥杀大臣都是肉眼可见的史实,但他们坚决反对拿私德说事。最离奇的观点是,魏忠贤代表着帝国底层群众与东林党代表的士绅阶层作斗争,正因为公公反对将税收加在农民身上,力主向士绅阶层开征"工商税",才招致东林党人的疯狂报复。

厂公粉还夸大地演绎了一个源于野史的段子：崇祯死前非常后悔杀魏公公，收葬公公遗骸，葬于西山碧云寺，正式平反了这一桩千古奇冤。他们认为，崇祯的遗言金句"然皆诸臣之误朕也"说的不就是东林党吗？这不就是说明皇上在后悔杀了中流砥柱魏公公吗？

我其实也并没有那么喜欢东林党。东林党人和晚清的清流很像，自命清高，陈义过高，似乎总是一副真理在手的样子，高谈阔论，但大多数人又严重缺乏治国实操能力。

为南明殉节的夏允彝（夏完淳之父）在《幸存录》中批评东林党的"空谈"，认为东林党和魏忠贤都对关外满洲人等棘手国事拿不出确切应对办法，"两党之于国事，皆不可谓无罪……东林之持论高，而于筹边制寇，卒无实着……其无济国事，两者同之耳"。

但黄宗羲则反驳称，"天（启）、崇（祯）两朝不用东林以致败"，"夫筹边制寇之实着，在亲君子远小人而已"。

不得不说，同为"君子"，夏允彝的反思更为沉痛深刻，而黄宗羲的说法还是君子小人这一套传统说辞，缺乏现实层面的解释力。

从明末的政局来看，东林党人不是没有拿到过执政的机会,虽然时间并不长,从天启元年(1621)到天启四年(1624),亲东林党的叶向高担任内阁首辅,朝堂上曾出现过东林党自称的"众正盈朝"之局面。但从政绩来看,平平而已,并没有因为"众正盈朝"而制造一次中兴甚至是盛世。

当然,黄宗羲们也可以说,"众正盈朝"的时间太短,而且始终受到了不靠谱皇帝特别是魏忠贤一党的严重干扰,并未真正全面掌握政权、一展抱负。

日本学者小野和子在《明季党社考》一书中说,即使东林党如黄宗羲所说完全掌握了朝政,"我不认为,当时他们有救得了明朝灭亡的确实战略"。

更关键的点在于,东林党缺乏实操的缺陷直接影响了他们的执政可能性。小野和子就说,"他们还未能提出明确的政治纲领和政策,在政界中也没有掌握主动权,结果,不得不惨败于寄生于君主权的阉党之手"。

谢国桢先生在《明清之际党社运动考》中直指东林党是一群"老实的书呆子""只知道树本党的严威,可是没有办事的实力,徒得罪了很多人"。东林党甚至根本不是一个严密的组织,"以省的界限分了许多小组织,这种无实力的纸糊老虎一碰就破了"。

但退一万步说,东林党人也就是迂腐和才能平庸而已,要说如厂公粉们口中的那样"大明亡于东林党",实在缺乏任何意义上的可靠证据，还不如"大明亡于鼠疫"或"大明亡于小冰河期"这些故作惊人之语来得靠谱。更何况，天启四年之后，魏忠贤大权独揽，东林党人都被魏公公清洗得差不多了，哪里还有什么机会"祸国殃民"？

明亡于党争，本就是一个很值得商榷的论断，但至少算是"公允"地将阉党和东林党各打五十大板，暗示双方都不是好人。但到了厂公粉那里，却被进一步加码为"明亡于东林党"，直接撇去了阉党的责任，真是好手段，俨然是当代版的《三朝要典》了。

小野和子在《明季党社考》中的说法有点最后总结的意思，"两派的争斗，萎缩成没有意义的权力斗争，这也是无法否定的。而其责任，与其在东林党方面，不如更多要从阉党方面追究"。

"明朝，与其说是亡于党争，不如说亡于阉党之手。"

说东林党人缺乏治国能力，这或许没错，但难道魏公公就有了？不知道从何时起，魏公公突然被捧成了政治天赋异禀的老成谋国者。事实是，魏忠贤的那种"私德有亏，才华横溢"的政治形象多半是今人出于某种政治想象逐步建构出来的。魏忠贤缺乏足够的文化素养，又没有任何国家层面的政治经验（宫廷内部是有的），单凭一些不入流的小聪明和阴谋诡计，就真的可以操盘内忧外患中的大明帝国了？

辽东战事吃紧，急需马匹，忠君爱国的魏忠贤突发奇想，依大明朝旧例，大臣有特殊贡献者可赐给在宫中骑马的特权，不过，作为条件，骑马者逢年过节要向皇帝进献好马一匹。魏忠贤就一下子赐给几百名太监在宫中骑马的特权，而后就不断地降旨让他们进献马匹，逼得这些太监同僚直骂娘。朝廷由此倒真的得到了不少马匹，但结果呢？由于管理不善，献马又多以老病充数，等到了辽东，"随至倒死者相望，军士啖马者比比也"。用苗棣先生在《魏忠贤专权研究》一书中的说法，国战当前，"魏忠贤表现出来的多是小农式的狡黠和算计，而并不是政治家所需要的文韬武略"。

东林党人的短暂执政虽然没有什么政绩，但魏忠贤执政时代的大明国势总体上也是江河日下。厂公粉们的一大政绩理由是，要不是公公力挺和慧眼识珠，无名小卒袁崇焕怎么可能在宁远大败努尔哈赤。对此，我只能说，袁崇焕的恩主明明是魏忠贤的政敌孙承宗，如果一定要说魏公公有功的话，也只能说他没有刻意地像对付东林党那样去迫害袁崇焕。

樊树志先生在《重写晚明史：朝廷与党争》中诘问

道,辽东战事不归魏忠贤指挥,"奇怪的是,所有的功劳统统记在魏忠贤的功劳簿上"。甚至连皇帝也参与了进来,"近日宁锦危急,实赖厂臣调度有方,以致奇功"。

贪天之功也就罢了,魏忠贤还指使言官排挤袁崇焕,给袁崇焕穿各种小鞋,以树立自己是唯一功臣的地位,吃相非常难看。

说好的魏忠贤慧眼识珠呢?

至于魏忠贤为何没有换掉袁崇焕,还真不是魏忠贤为国惜才,主要还是因为袁大帅放得下身段,深知"自古未有权臣在内,而大将能立功于外者"这个朴素的道理,又是给魏忠贤主动在宁远建生祠,又是写信吹捧"从古内臣谁有出其右者",不仅各种挠到了魏忠贤的痒处,还被魏忠贤视为自己人,这才保住了自己镇守宁远的位置。

但如果这也算功劳的话,对厂公才是莫大侮辱吧。因为我也并不认为,魏忠贤会刻意地想把大明朝搞坏,刻意地让明军打败仗。从某种程度上来说,魏忠贤也想把国家搞好,也想靠收复辽东树立个人的政治权威,只是他的执政水平太差罢了,特别是,他的那种党同伐异的狭隘格局已严重摧毁了大明朝的政治生态。和同样热衷于党争的东林党人相比,魏忠贤那可是要搞肉体毁灭的,哪里是东林党这种逼人辞职就天下大吉的书生玩法。

《重写晚明史：朝廷与党争》一书说，魏忠贤的执政"从根本上摧毁了士大夫精英阶层对朝廷的期望，举国上下陷入难以言说的绝望之中，离心离德。大明朝濒临灭亡的边缘"。

就厂公粉们对魏忠贤的各种吹捧，有一点我倒是基本同意，魏忠贤的确没有什么改朝换代的野心，无论是对天启帝，还是对崇祯，他对皇权大体上还是忠诚的。原因也很简单，他的所有权力基础都是依附于皇权而产生的，离开皇权几乎无法自处。天启帝喜欢在后宫做木匠活，魏忠贤虽有了权倾天下的权力，但几次躲过东林党等政敌的关键一击还都是靠跑到皇上那里摇尾乞怜，只有当皇上点头，他才敢对东林党报复回去。若换了一个喜欢自己操控一切的主子崇祯，魏忠贤这种二流政治替身就没有任何价值了。你看，面对崇祯的步步紧逼，魏公公一点还手之力都没有，"九千岁"的赫赫威权犹如建在沙堆上的高楼，再然后，就是厂公粉们口中的千古奇冤了。

厂公粉们似乎乐于被视作道德虚无主义者，对士大夫的道德主义有着天然的鄙夷与仇恨。可惜的是，他们喜欢的那个作为大明中流砥柱的魏公公并不真实存在，而他们攻击的东林党人或许有着中国传统士大夫身上的一切弱点，但也未必个个都是他们最喜欢拿出来说事的钱谦益，而他们喜欢的阉党中也有的是阮大铖此种无德无能之人。

魏公公最害怕的人杨涟死于狱中，有遗言："涟即身无完骨，尸供蛆蚁，原所甘心。但愿国家强固，圣德刚明，海内长享太平之福。此痴愚念头，至死不改"。

士大夫的风骨与道统，又岂是魏公公们能懂的。

延伸阅读：

《魏忠贤专权研究》
苗棣著，中国社会科学出版社，1994 年 12 月版

《重写晚明史：朝廷与党争》
樊树志著，中华书局，2018 年 7 月版

《明季党社考》
［日］小野和子著，上海古籍出版社，2013 年 11 月版

《明清之际党社运动考》

谢国桢著,北京出版社,2014 年 12 月版

《明代宦官》

［美］蔡石山著,黄中宪译,浙江大学出版社,2019 年 3 月版

李成栋

反清复明的黑色幽默

1648 年

清两广提督李成栋

宣布反清归明。

李成栋一生求存于三个政权之间，
纵然气节丧尽，纵然反复无常，
纵然各种算计，但终究是在明朝
国运最晦暗的时刻，
对强大的清帝国拔刀相向。

顺治五年（1648）四月，清两广提督李成栋宣布反清归明，以广东全省"反正"。

　　这是一则注定震动天下的消息。对于正汲汲于统一中国的清政权而言，对扫灭南明抵抗贡献巨大的李成栋是当时前明武将"反正潮"中实力最强的一位，此消彼长之下，大清朝要在短期内消灭南明政权变得前景晦暗，甚至有战争主动权逆转的风险；对于山河破碎、岌岌可危的南明永历政权而言，这简直是一则"天不亡大明"的奇迹，此前最凶恶的"汉奸"竟然"天良未泯"，火线起义，在朝中的乐观者眼中，大明借此一举"中兴"也犹未可知。

　　在明清鼎革的大时代中，吴三桂素以反复无常闻名，先在山海关降清，再于云南起兵叛清，缺乏政治节操似乎成了吴三桂的独有人设。但是，若与"三次易帜"的李成栋相比，吴三桂的"履历"就显得有些单薄平淡了。

　　李成栋的第一个东家是李自成，还得了一个叫"李诃子"的绰号。李成栋直接汇报的上级是李自成的大将高杰，崇祯八年（1635）八月，高杰因为与李自成之妻邢氏私通，唯恐东窗事发，就带着邢氏反了李自成，李成栋就这样和高杰一起加入了明军。

　　1645 年正月，已经贵为南明四藩镇之一的高杰决心带兵北伐抗清，就在李成栋差点就要跟着高杰提前成为抗清英雄之时，高杰在明军内部的兵变中被杀。李成栋效忠大明的心思也由此烟消云散，清军一南下，李成栋就率部降清。你纵可以说李成栋此人反复，但他对高杰却是很有几分忠诚，顾诚先生的《南明史》就写到一个很有趣的细节，李成栋是"奉高杰的妻子邢氏"降清，颇有点效忠主母的意思。

李成栋降清后，表现非常生猛，从江南、浙江、福建一路打到两广，有点八旗铁骑附体的意思。此种现象在晚明倒是很常见，一些明军降将只要一加入清军，打起明军老同事来那叫一个所向披靡。用美国汉学家司徒琳在另一本《南明史》中的说法就是，"在江南和广东给予明朝抵抗力量最沉重打击的，都是李成栋"。

李成栋最有名的"战绩"有两个。一是屠城，"嘉定三屠"和江阴之战都有他的份，而在"嘉定三屠"中他更是绝对主角，三次都有杀人数万的记录，明末那么多降将中，没有人在这一点上超越李成栋，就连吴三桂也没有类似的"代表作"。

二是擒杀绍武帝朱聿鐭。尽管有种说法称隆武帝也是李成栋率军直接干掉的，但证据并不确凿，只能说李成栋对隆武政权的败亡是起过关键作用的。若谈及绍武帝之死，那就完完全全是李成栋的一人之功了。

1646年十二月,绍武政权刚在广州成立40天,李成栋便率军杀到,单从战争过程来看,此战充满了传奇色彩,李成栋仅率数百精兵以帕包头,伪装成明军,趁夜出其不意地闯入广州,大有"李愬雪夜袭蔡州"的风采。睡梦中的绍武君臣一开始不相信,还杀掉了"妖言惑众"的报信人,等回过神来,已无力回天。绍武帝乔装混在乞丐队伍中,试图蒙混过关,但还是被李成栋军识破抓获。李成栋派人给被俘的绍武帝送去饮食,绍武帝虽于国事无补却十分有气节,称"吾若饮汝一勺水,何以见先帝于地下",之后便自缢而死。

此战,李成栋还一举抓了云集在广州的十六名明朝亲王和郡王,大多都被他手起刀落。从此战来看,李成栋与明朝皇室的血债之深并不下于在缅甸擒杀永历帝的吴三桂。

李成栋也是永历帝的苦主。干净利落地消灭掉绍武政权之后,李成栋便立即率军进攻肇庆方向的永历朝廷,永历帝闻讯后便一路逃往广西,要不是永历跑得快,连战连捷的李成栋本是很有机会为清廷立下再擒一帝的盖世之功的,那以后也就没吴三桂啥事了。

有一个虽有争议但非常黑色幽默的桥段是,永历朝的首席大学士丁魁楚眼见不妙,暗中派人接洽李成栋谈投降事宜。李成栋将计就计,许以丁魁楚两广总督的高位,大喜过望的丁魁楚投降后,李成栋便悔约将其抓住并准备杀掉全家,丁魁楚曾哀求李成栋免杀一子,李成栋留下了一句非常冷血的名言"汝身且莫保,尚求活人耶!",之后便几乎屠了丁家满门。

李成栋武功赫赫,按说在清廷那边应该极尽恩宠了吧?不说和吴三桂、尚可喜、耿仲明、孔有德这些汉人藩王相比,总应该封侯或者拜个一方大员吧?李成栋就是这么想的,但谁料清廷完全没把李成栋当一回事。

这就要说到清廷建国之初的一个惯常的政治逻辑了。除了满人蒙古人这些一等二等公民以外,在汉人中,清朝高层最信任的是所谓的"辽人",也就是当年在关外时就先行投靠过来的辽东当地人。清廷的这一政治逻辑与其说是"地域歧视",还不如说是"入伙时间歧视",当年蒙古人入主中原的时候,不也把北方的"汉人"列为第三等,排在"南人"之前。

但自恃功盖天下的李成栋显然无法理解这一逻辑,正如顾诚先生在《南明史》中所写,"清廷重用'辽人'而做的不公平待遇,对于野心勃勃的李成栋是难以忍受的"。

在"辽人"中,最有名的就是佟氏家族,康熙的生母就是这家的。同李成栋一起从福建入广的汉军总兵佟养甲就是佟氏家族成员,从各方面说,佟养甲的功劳都不如李成栋耀眼,其更像是一个文职干部。但占领广州后,清廷便任命他为两广总督兼广东巡抚(据说还是清朝首任两广总督),而李成栋仅得了一个两广提督的位置,按照清朝的官制,李成栋不仅无权过问两广的地方政务(这是巡抚的事),就连军权,李提督也必须接受佟总督的节制。

可以说,在政治上的不得志是李成栋叛离清廷的主要原因。但是,如果将李成栋叛清简化为单一原因的话,历史就像缺乏水分的肉一样食之无味,也有违了鲜活历史之真味。

还有几点应该提及的原因。

第一,李成栋对明朝可能是有一些感情的。我们无法确知此种感情的隐微之处,也无法否认李成栋归顺清朝后对南明各路政权像疯狗一样的追击,甚至可以说这有些可笑,因为李成栋的出身就是反明的李自成义军,但从李成栋反正南明后的一些表现来看,他对大明皇帝是有真实的敬畏甚至无脑崇拜的。尽管,李成栋对明朝的感情可能远远及不上他对权势的迷恋,但一旦确认自己在清政权难有向上可能性时,便"冲冠一怒",而不是试图通过"体制内"的活动挽救自己的仕途,可见他对清政权缺乏严肃的政治认同,清朝于他只是升官发财的

"平台"而已。当然,你也可以说,李成栋这样的人对任何政权都难以有真心认同,但他放弃清朝这个优势更明显的政权,去投奔一个风雨飘摇的南明,本身就说明了一些问题。

有一些史料甚至说,李成栋的反正部分是缘于他被反清义士们的忠贞和热忱所感动。这样一个表面冷酷无情的人因何而感动,是不是他心中对大明朝汉人政权的那种隐微感情被激发出来了?

第二,李成栋的反正虽然有点知其不可为而为之的"悲壮"意味,但他可能认为天下的大势正往南明身上转移,复明成功的概率正在大幅提升,至少是个有希望的豪赌。1648年正月月底,清江西提督金声桓和麾下大将王得仁在南昌宣布反清复明,比李成栋早了两个多月。金声桓的政治经历与李成栋极为相似,同样是以明朝军官的身份投降了清朝,同样是在扫灭南明抵抗中有很大贡献(虽然与李成栋相比逊色一些),同样是论功行赏时感到被清廷忽视和压制。可以说,金声桓的反正不仅给了李成栋一个可效仿的先例,更给了李成栋天下大势即将逆转的信心。可不是,金声桓一人的起兵已经足以让清廷捉襟见肘,如果再加码李成栋更大规模的起事,江西广东两省互相呼应,再加上南明的各处抵抗力量,的确给明亡清兴这个原来似乎没有悬念的历史结局增添了极大的不确定性。

尽管没有史料证明金声桓起兵后与李成栋有过什么通气或密谋，但李成栋的反正计划的确是在这之后才开始有效推动的。如果说李成栋早有反正之心，在这之前也是隐藏于心中的吧。

另一个给予李成栋成功信心的应该是他此前的战绩。从江南一路打到两广的所向无敌，可能让李成栋有了一些不切实际的幻想，真的认为他的军事成功主要归功于他麾下军队的强悍战斗力。可以说，这一"误读"让李成栋和金声桓这些明朝降将在日后的反清战场上付出了代价。

第三，李成栋明白，在权位这些问题上，"饥不择食"的明廷几乎可以给他一切想要的东西，甚至包括封王，这些都是他从清廷那边拿不到的。虽然这也伴随着高风险，但名利之心很重，且悍匪出身、赌性很重的李成栋并不拒绝为了"高收益"去搏一把。

第四，李成栋的决心反正可能有一个很戏剧化的因素在推动。通行的几部历史著作都在这一事件中提到了"爱妾赵氏"（一说为"张氏"），像谢国桢先生《南明史略》这样笔调严肃的名著也概莫能外，简又文先生甚至还专门写了一篇考证文《南明女英雄张玉乔考证》。爱妾的忠义作为像极了戏曲小说，为了激发李成栋下最后决心,不惜以自杀来劝谏,据说李成栋闻讯后大哭"我乃不及一妇人",遂决心起兵。虽然这一段过于戏剧性,但大体属实,不是后人附会。李成栋起兵数日后,李成栋身边的广东诗人邝露所作的《赵夫人歌》就流传出来,据邝露的说法,"赵夫人"原为李成栋所杀抗清义士陈子壮之妾侍,跟了李成栋之后一直心怀复国之心。

张氏也好,赵氏也好,李成栋因妾侍之死而起兵的故事,很难让人不想起吴三桂为了陈圆圆冲冠一怒而起兵,《赵夫人歌》也很难不让人联想到《圆圆曲》,只是李成栋一怒而反清,吴三桂一怒而降清罢了。而李成栋当年之所以跟着高杰从农民军那边降明,也是因为高杰与李自成夫人有私情的缘故,李成栋的两次抉择,吴三桂的一次抉择,都有女性的强势出现,只能归于历史的奇妙之处了。

相比他充满争议,但却轰轰烈烈的三次反正,李成栋的结局就有些凄凉了,更准确地说,不是凄凉,是充满着黑色幽默。

李成栋的降明,得到了永历朝廷那边不咎过往的热烈回应,简直有点从头号大敌(汉奸)一夜之间就变成扭转乾坤的南天一柱的意思,而事实上也是,李成栋和金声桓彼时已经成了南明唯一存活甚至翻盘的可能性。

南明在名位上给了李成栋一切,但却没有给予相应的信任,反倒是处处提防。这也就罢了,李成栋可能也明白自己的历史记录很难得到别人不假思索的信任,自己可能需要时间来证明。但最让李成栋失望的是,南明朝廷在此等危难时刻,还上下弄权,李成栋此前最珍视、为此他甚至不惜一反了之的"名位",在朝廷权臣眼中什么都算不上。李成栋封公之后,立即有那种对大局无关紧要的人物也要求封公,永历帝竟然立即同意了;权臣马吉翔为了显示自己的"能量",让李成栋给他一个保举的名单,马吉翔当着他的面缮写奏疏封进,没多久,朝廷就按照马吉翔的上奏版本一字不差地颁布了升官名单。永历朝廷对名位的随意处置让李成栋对"马皇帝"叹为观止的同时,也极为不满。

　　另一件很吊诡的事情是,李成栋起兵时,不知出于何种心态,也逼迫他的头号政敌佟养甲一同降明,而佟养甲竟然也同意了,竟然也被明廷封了伯,李成栋、佟养甲竟然又成了政治搭档,当然,这次调了个上下,李成栋居首,佟养甲被夺去了实权。这次轮到了佟养甲心怀不满,不甘寂寞的他上疏南明朝廷说"疑臣则杀之,不疑则任之",直截了当地跑官要官。当佟养甲发现仕途无望的时候,也像李成栋当时一样决心反正,写密信给清廷,不料密信被李成栋截获,落了个被杀的下场。

最具黑色幽默的是李成栋的结局。李成栋自投靠清廷后，马上无敌，驰骋南北，满以为可以在抗清战场上复制自己之前的武运，谁料先是金声桓一败涂地，起兵一年(1649年一月)就兵败身亡，李成栋自己的军队也是出师不利，在优势兵力下屡次被清军击败。在1649年三月的大溃退中，李成栋军在渡河时大乱，待惊魂未定清点兵马时，才发现"丢掉了"大帅，经追查，李成栋在渡河时落马淹死。

戎马一生、英雄一世的李成栋，做着光复中原、封妻荫子的大梦，最后竟然无声无息地死去，死因据说还是逃跑时"落马淹死"，对于这位马上英雄而言，这可能是最屈辱的死法之一了。

唯一的安慰可能是，闻讯后惊愕不已的南明朝廷给了李成栋一个极佳的谥号："忠烈"。这似乎暗示着，李成栋这一次牺牲，至少在明朝官方那里，已经洗刷了他的杀戮与反复之恶名。

就在李成栋落马的同时，另一位前明降将正重演着李成栋和金声桓的命运。1648年十二月，清大同总兵姜瓖起兵反清，仅九个月就兵败身亡，姜瓖的易帜次数甚至打平了李成栋，先为明朝大同总兵，继而投降李自成，李自成兵败后又投降了清朝，最后的归宿也是死于反清复明。

李成栋、金声桓、姜瓖，还有这篇文章没提到的李建泰、刘泽清……他们一生求存于两个甚至三个政权之间，纵然气节丧尽，纵然反复无常，纵然各种算计，但终究都是在明朝国运最晦暗的时刻，对强大的清帝国拔刀相向，说他们是"败亡"还是"殉国"，只在你的一念之间。用"波澜壮阔"来形容李成栋们的一生，当属公允。

乾隆四十八年（1783），乾隆给李成栋们编了一本叫《逆臣传》的书，把他们和吴三桂放到了一起。

延伸阅读：

《南明史》
顾诚著，光明日报出版社，2011 年 8 月版

《南明史：1644—1662》
［美］司徒琳著，李荣庆译，上海人民出版社，2017 年 6 月版

《南明史略》
谢国桢著，吉林出版集团，2009 年 7 月版

李成栋　反清复明的黑色幽默

吴三桂

不精致的利己主义者

1673 年

平西王吴三桂起兵反清，

大清朝风雨飘摇。

吴三桂一生，做过大事四件，

抗清、降清、剿杀南明，

最后又叛清，一辈子像是折返跑。

与其把他定性为极品渣男，

倒不如说，他只是不够精致的利己主义者。

1678 年 3 月 23 日，吴三桂在湖南衡州称帝，但 6 个多月后，就在重病中永远告别了他的"大周朝"，他本人也成了康熙"鸟生鱼汤"的背景板。事实上，三藩之乱从发生到结束，都谈不上"历史必然"，吴三桂不是必反，也不是必输，假如当年赢的是吴三桂，那么后世史书上对这个样本式的"大奸大恶之徒"，又会如何书写呢？

吴三桂一生，做过大事四件，抗清、降清、剿杀南明，最后又叛清，一辈子像是折返跑，经过这些折腾，收获盖棺论定的帽子两顶："汉奸"与"反复无常"。但其实透析他的一生所为，与其把他定性为一个极品渣男，倒不如说，他只是一个不够精致的利己主义者。

一

先说吴三桂生平的第一件事，抗清。在引清军入关之前，吴三桂是崇祯朝著名的"忠臣孝子"。17 岁那年，吴三桂的父亲吴襄猝然间被数万八旗军包围，主将祖大寿不敢出站，救父心切的吴三桂仅仅带着 20 名家丁就敢主动出击，最后竟安然把父亲从重围中救了回来。在那个大明朝对后金屡战屡败的时代，吴三桂以这次救父壮举成为当时举国最闻名的少年英雄，要知道，吴三桂此时正好与霍去病首次带兵出塞同岁，因此他的横空出世,让大明仿佛看到了救世主。

崇祯十四年(1641)的松山惨败之后,吴三桂已经成为大明朝在辽东最后的指望。当时的战略形势是,辽东大地上,遍地都是清军,仅剩吴三桂和宁远城孤悬关外,苦苦支撑。其间皇太极前后两次亲自写劝降信,给足了吴三桂面子,一边劝他审时度势,"今者明祚衰微,将军已洞悉矣""时势若此,将军虽勇,一人之力,其奈之何哉";一边许以高官厚禄,"将军之亲戚可以完聚,富贵可以长保矣"。

皇太极的姿态不可谓不低,心思不可谓不诚,信中对时局的分析也不可谓不透彻。如果吴三桂此时降清,也算是对大明朝仁至义尽了,毕竟谁又能对孤军苛责太多呢?可吴三桂非但不降,也没有率军逃入关内,反倒以劣势之军主动向清军发动进攻。在当时的大明朝,还能有谁比吴三桂更忠勇,更像一个孤臣?

二

再说第二件,降清,引清军入关,这应该也是吴三桂"汉奸"得名的主要原因吧。

当时的形势是,李自成兵困北京,吴三桂擒王未果,崇祯帝自缢殉国。如果你是吴三桂,你会怎么办?

放在吴三桂面前的无非两种选择，降李或降清。有人说，可以谁都不降啊，这就纯属书生之论了，吴三桂若这样做就是自取灭亡，不仅是两面受敌，而且是没有任何战略腹地和后勤补给的孤军。吴三桂既没有这么愚蠢，也没有这么愚忠，更何况，他所效忠的君父崇祯已死。

　　千万不要想当然地以为，降李就比降清更高尚了。清军固然是祸乱关外的鞑子，但李自成可是害死崇祯的"直接凶手"啊。考虑到帝制时代的伦理纲常，李自成才是大明朝的死敌，相比降清，降李更是罔顾君父大仇的不忠不孝之举。

　　吴三桂没有这么高尚，在闻讯崇祯身死的那一刻，吴三桂在崩溃中可能已陷入了"道德虚无主义"，他长久以来所秉持的忠君价值观已成了乱世飘萍。

　　所以，吴三桂最初选的是降李。但后来因为李自成那边的失误，其中自然也包括刘宗敏霸占陈圆圆的缘故，吴三桂又改主意了，最终决定降清。

　　关于吴三桂改主意降清，大体说来有三个批评，基本都没有什么过硬的道理。

　　说吴三桂"冲冠一怒为红颜"，那是文学家的夸张和以偏概全，把吴三桂说成是一个超级情种难道不是一种褒奖吗？吴三桂降李本就是利益权衡计算后的无奈之举,他对大顺军毫无政治上的认同,陈圆圆被劫一事更是起了一种催化作用。更何况,吴三桂"大丈夫在世不能保一女子,有何面目立于世上!"这句话真的有错吗?

说吴三桂反复无常,那是为骂而骂,全然脱离了历史情境。李治亭先生在《吴三桂大传》中说,"吴三桂处在选择人生道路的十字路口,他的心情既复杂而又动荡不定。心理上的、感情上的、性格上的因素都在影响着他作出选择"。与其说吴三桂反复,为什么不去批评李自成、刘宗敏因小失大,最终把吴三桂推向了清朝一边呢?

再说,在那个时代,比吴三桂更反复、更无耻的大明臣子太多了,大多数文臣是闯军来则从闯,清军来则从清,短短一个多月就两次改换门庭,哪里有政治道德可言啊。而吴三桂至多只是在最后关头改变主意而已,他毕竟还没有降李啊。

说吴三桂是"汉奸",这就是更典型的"只见树木,不见森林"了。如前所述,吴三桂是清入关前明朝在辽东最后一个降清的人,对大明已是仁至义尽了,难道要和范文程、李开芳、洪承畴他们比吗?在某种基于民族主义的严苛定义下,吴三桂或许可以算得上"汉奸",但试问,在清军入关之后,从北京到南京这一路闪电式的进军,除了史可法等寥寥几位忠臣,什么左良玉,什么江北四镇,什么东林复社,什么各地守土有责的文臣武将,哪个不是内战内行、党同伐异、一触即溃,最后大多都降清做了"汉奸"? 而他们降清的缘由,又有哪个比得上吴三桂的情非得已和情有可原。你说钱谦益? 嗯,跳河怕"水太凉了"和"舍不得柳如是"是降清的有力理由。

况且,吴三桂降清伊始,未必就是铁了心打算做"汉奸",他一开始的想法很可能只是借清军入关消灭大顺军,而后南明以疆土酬谢,两国划黄河而治。吴三桂在所谓的"请降信"中,是以"亡国孤臣"的名义,恳请清朝出兵,帮助他报君父之仇,"灭流寇于宫廷,示大义于中国,则我朝之报北朝者,岂惟财帛?"

事实上,当南明君臣听说了吴三桂借兵讨贼捷报频传之后,无不兴高采烈,"举手加庆",把吴三桂看成了再造社稷的大英雄,把他比作唐朝中兴名将郭子仪、李光弼,与郭、李"同功"。弘光帝朱由崧夸"三桂倡义讨贼,雪耻除凶,功在社稷",还封吴三桂为蓟国公,子孙世袭。

三

吴三桂的第三件事,是剿杀南明。

如果说吴三桂一开始还存着光复大明的想法,那么随着时势的发展,特别是南明弘光政权的迅速溃败,以及大清铁骑南下时所表现出的赫赫军威,让吴三桂逐步绝了这个念头,甘心做大清朝的臣子。吴三桂的这一转变,部分出于时势的裹挟,部分出自他个人权欲与野心的计算。从这个角度而言,你可以说吴三桂是典型的"精致的利己主义者",在他的效忠对象崇祯帝身亡后,他的忠明思想逐渐减退乃至无影无踪,取而代之的是精密的利益计算和权欲膨胀。

既然是大清臣子,吴三桂参与剿杀南明政权其实也并无不妥,此一时彼一时罢了。事实上,吴三桂一开始的战争对象也主要是李自成的大顺军,从北京一路追杀到李自成在九宫山遇袭身亡。

吴三桂剿杀南明政权的主要战场是西南,特别是贵州和云南。我个人认为,吴三桂这一生最无法自圆其说,最厚黑或者说最接近无耻的事情就发生在他这段剿杀南明经历的尾声——逼死南明最后一个皇帝永历。

吴三桂不折不扣地完成了大清朝对他的要求,如附骨之疽地在缅甸擒获永历。至于说吴三桂没有对永历帝网开一面,这可能是对他要求过高了,如果是降清之初或许还有些可能。

按照清廷惯例,凡俘获或投诚的明宗室重要人员,一律解送北京,再做处置。吴三桂如果按照这样规则办事,后人本来也就无话可说。问题是,吴三桂竟然主动奏请朝廷,要求就地处决永历帝。他的理由是,从昆明至北京路途遥远,地方还不那么安静,万一途中被劫,谁也负不了这个重大责任。

李治亭先生在《吴三桂大传》中分析说,吴三桂主张就地处死永历。一来可以保全自己获得的功劳,二来可以消除朝廷对自己的猜疑。

这些全部都是基于自身利害的计算。吴三桂在这件事情上的表现,与其说是"精致的利己主义者",还不如说是"不精致的利己主义者"。

作为前明旧臣,你可以竭力地击溃南明政权的最后希望,可以忠实地完成擒获永历帝的任务,这些还能推说是在其位谋其政的"职业行为"。但抓了永历帝,不求你将枪口抬高一寸,但你为何甘愿破坏既有规则,还要主动做加法?永历帝如果被押送到北京,虽然活命机会不大,但至少还可以多活一年半载吧。

顾诚先生在《南明史》中记载了一个令人齿冷的细节。处死永历帝前,吴三桂主张拖出去砍头,这对一个帝王而言算是最没尊严的死法了吧。反倒是一位满洲将领看不下去了,站出来说了句公道话:"永历尝为中国之君,今若斩首,未免太惨,仍当赐以自尽,始为得体"。最终,吴三桂妥协了,用弓弦勒死了永历帝。

勒死永历父子后,吴三桂还命昆明知县亲运薪木至城北门外,将他们的尸体烧化,然后尸灰四扬,彻底消尸灭迹,只留下一块大骨带回去作证。

这件事,是吴三桂一生都无法洗脱的黑点,怎么黑都不过分。

四

最后一件事,三藩之乱。

吴三桂后来反清,于是又被戴上了反复无常的帽子。但我不得不说,这或许是一个黑点,但绝对言过其实了。

吴三桂很大程度上是被"逼反"的。按照吴三桂的人生规划,他极可能并没有反清称帝的野心,他的目标是世守云贵,让他吴家的子孙后代一代代地承袭"平西王"。这并非没有先例,吴三桂一心想要仿效的就是他在剿杀南明时打过交道的云南沐王府,沐英就是被朱元璋任命后,世守云南的,《鹿鼎记》里的小郡主不就是这家的么。

康熙的撤藩决定有点"背信弃义"的意思,顺治爷和多尔衮多次表达过永不撤藩,吴家子子孙孙世袭王爵,与大清朝相始终的决心,这些还都写入了赐封的金册之中;退一步说,即使撤藩,康熙可以缓图之,如果待吴三桂等老一辈军人去世，趁第二代年轻，威望不重，再行撤藩，可能也就没有"三藩之乱"，吴三桂的罪名也就不会再加上一条"反复无常"了。

吴三桂起兵前，头戴方巾，身穿素服，在永历陵前，亲自酹酒，三呼再拜，恸哭不止。熟悉内情者自然会觉得吴三桂过于虚伪。但按照《吴三桂大传》一书的解释，吴三桂的眼泪并非全然不真诚，"三桂的这番举动，是对他降清后所作所为的自我否定。人往往在遭到重大挫折或失败时，才反躬自省，发现自己的不足或错误。三桂的前程由于撤藩而毁弃，实为他一生中重大挫折，这才'觉今是而昨非'，否定自己的过去，重新缔造未来"。

但试想，如果当初永历不是死于吴三桂之手，吴三桂此次起兵无论在道义上，还是在借助反清复明力量上，都将会更加得心应手，更不会背上"虚伪"之名，这也是他自作自受了。

如果说吴三桂在起兵前的梦想只是让"平西王"世代相袭的话，起兵后他的政治野心显然大大膨胀，开始有了当皇帝、建立新朝的想法。就此，很多人建议吴三桂，应奉大明朝为正统，寻访明朝宗室，明确打出反清复明的旗号，这将会更充分地发动台湾郑经等"复明势力"，形成更强大的统一战线。但这一建议却被吴三桂以及他身边那些渴望做开国元勋的近臣们所否决。

吴三桂 不精致的利己主义者

不过，即使吴三桂再有何等野心，纯粹以成败论英雄的话，假使吴三桂反清成功，开创新朝，多半会摇身一变成为汉族英雄，像"驱逐胡虏，恢复中华"的朱元璋那样名垂青史也未可知。毕竟，天下人的"思明"之心很大程度上也是"思汉"之心。按照帝制时代的一贯套路，还会阐发出很多诸如吴三桂深入敌营三十年，泣血隐忍、苦心孤诣、卧薪尝胆、密图恢复的感人故事。

综上，假如回到吴三桂生活的明亡清兴之际，我们可能会发现，吴三桂以这样的负面形象在历史中定格，实在是由于他始终立于时代潮头，过深地介入了明亡清兴时代几乎所有重大的历史事件，以至于无所遁形，甚至被迫要为许多并非他个人所能承担的时代之恶负责。

知乎上有一个很有趣的脑洞问题，"吴三桂反清若成功，历史书如何描述他的经历为其洗白？"有网友模仿史学大家吕思勉先生的笔调说，"周太祖以两度反叛，反复无常名。引女真入关、弑桂王于滇亦其人也。然朱明末世，积弊难除，百端难理。女真又英主迭兴，中原沦陷，剃发易冠，此其艰巨，较诸阴谋篡窃，殆百倍过之。虽有污名，亦不负其威名焉"。

"虽有污名，亦不负其威名焉"，声名狼藉的吴三桂与这句盖棺之定论间，只有一道细细的红线。

延伸阅读：

《吴三桂大传》

李治亭著，江苏教育出版社，2005 年 9 月版

《南明史》

顾诚著，光明日报出版社，2011 年 8 月版

吴三桂　不精致的利己主义者

年羹尧

皇帝笔友之死

1726 年

雍正令年羹尧自尽。

回看雍正处置年羹尧的全程，
看似步步为营，其实年羹尧哪里
有一分一毫的反制能力，
一开始还像硬汉一样死撑面子，
后来就是束手就擒。

主奴

康熙五十八年(1719)前后,雍亲王胤禛给年羹尧写了一封气势汹汹的长信,也就是后来成为著名史料的《和硕雍亲王谕年羹尧》。

作为八旗特色的"主子",胤禛对在夺嫡之争中态度暧昧几边下注的年羹尧极为不满。尽管年羹尧此时已贵为四川总督,但自恃"主奴关系"的胤禛在书信中语气极为不善,用郑小悠《年羹尧之死》一书的说法就是,"颇有胤禛一贯的诛心风范"。

胤禛一上来就大骂年羹尧仗着是官二代不尊重自己这个主子:"知汝以傀侏恶少,屡逢侥悻。君臣大义,素所面墙,国朝祖宗制度,各王门旗属主仆称呼,永垂久远,俱有深意。尔狂昧无知,具启称职,出自何典?",竟敢不请安也不贺寿,"况妃母千秋大庆,阿哥完婚之喜,而汝从无一字前来称贺,六七个月无一请安启字,视本门之主已成陌路人矣"。

胤禛认为,年羹尧最大的问题就是不愿自称"奴才",刻意在淡化与自己的"主奴关系"。"况在朝廷称君臣,在本门称主仆,故自亲王、郡王、贝勒、贝子以至公等莫不皆称主子、奴才,此通行常例也。且汝父称奴才,汝兄称奴才，汝父岂非封疆大臣乎？而汝独不然者，是汝非汝兄之弟，亦非汝父子矣！又何必称我为主！既称为主，又何不可自称奴才耶！"

胤禛写这封信的目的当然不是单纯为了"发泄"，亲王和总督这个水平才不屑于玩这种情绪化语言游戏。在信的前半部分狠狠地敲打了年羹尧之后，胤禛在信的后半部分图穷匕见，命令年羹尧将随任十岁以上的儿子、弟侄全部送回北京，除了继续强化主子的权威之外，这其中自然有充当"人质"的意思。

所幸年总督接信之后，迅速按照"主子"的命令将子侄送回了北京，否则他与胤禛也就没有之后那些爱恨痴缠的通信往来了。

《和硕雍亲王谕年羹尧》是胤禛和年羹尧之间第一封重要的通信，充满了火药味，而等到胤禛于1722年底登基变成"雍正"之后，两人之间的通信风格大变，雍正笔下的年羹尧从"恶奴才"迅速变成了亲密无间的"忠仆"。

恩人

即位后，深感地位不稳的雍正将年羹尧视作可以信任的股肱之臣，对年羹尧本人及年氏家族各种封爵加恩，年羹尧的父亲、兄长以及在宫中的小妹都没有落下,特别是年小妹还被封为贵妃。年羹尧也没有辜负雍正的抬举,帮皇帝搞定了在西北的"大将军王"十四爷胤禵。

雍正为了年羹尧像杨贵妃一样尝尝新鲜荔枝,派快马仅用了6天时间就将荔枝从北京送到远在西北的年羹尧手中。年羹尧收到之后,写了非常肉麻的《奏谢御赐荔枝折》,其中写到"竟有一颗颜色香味丝毫不动""臣再东望九叩默坐顶礼而后敢以入口"。吃荔枝前都要先磕个头。

雍正元年(1723)九月,年羹尧上折子说陕西境内的谷子长得很好。就这么一封看上去挺正常的工作汇报,竟也引来雍正感情热烈的回应,"真正可喜之事。有你这样封疆大臣,自然蒙上苍如此之佑,但朕福薄,不能得如你之十来人也"。是呀,如果大清朝有十几个年羹尧,雍正该有多幸福呀。

雍正二年(1724)年初,年羹尧率奇兵在青海大败罗卜藏丹津,平息了雍正的心头大患。雍正闻讯后欣喜若狂,在与年羹尧的通信中进一步放飞自我,用情用力之深甚至到了君臣不分的地步。

最让人印象深刻的是,雍正的信件看上去往往带有"情书风"。他在一则给年羹尧朱批中曾写道:"你此番心行,朕实不知如何疼你,方有颜对天地神明也……尔此等用心爱我处,朕皆体到……总之,你待朕之意,朕全晓得就是矣。"

作为一个知晓二人决裂结局的现代人,雍正以下这段肉麻表白会更让你感叹世事多变。雍正曾对年羹尧写道:"从来君臣之遇合私意相得者有之,但未必得如我二人之人尔……总之,我二人做个千古君臣知遇榜样,令天下后世钦慕流诞就是矣。"雍正也太实诚了,这些朱批怎么就不销毁呢?

就是在这则朱批中,雍正提出了著名的"恩人说"。"自尔以下以至兵将,凡实心用命效力者,皆朕之恩人也"。甚至感情浓烈的雍正也觉得"恩人说"有点不妥,在朱批中还专门补充说,"此言虽粗鄙失礼,尔等不敢听受,但朕实实居如此心,作如此想"。

雍正实在是"不知如何疼年羹尧"了,把这份爱和承诺又交给了自己的子孙,"不但朕心倚眷嘉奖,朕世世子孙及天下臣民当共倾心感悦。若稍有负心,便非朕之子孙也;稍有异心,便非我朝臣民也"。

决裂

古人有"情深不寿"之说,移用至雍正与年羹尧的关系上,两人极其亲密的蜜月期其实只延续了两年,如果以年羹尧的青海大捷为节点来计算,只有短短大半年。

雍正二年年底,年羹尧回京觐见雍正,两人书信中的各种"君臣相遇""疼你爱我",原本以为在见面之后会将情谊推上新的高峰,但谁料此次见面却成为两人关系的转折点。

最初的责任应该说是年羹尧的,自恃功高的年羹尧回京后各种飞扬跋扈,四处插手各项政务,几乎得罪了北京城大半个官场。我们用后见之明看,当然可以说年羹尧被功劳冲昏了头脑,不知进退,但对年羹尧的跋扈难道雍正就没有半点责任?年羹尧看了那么多热情洋溢把自己捧上天的朱批,能不得意忘形吗?皇上都这么爱他了,他恃宠而骄又怎么了?

但年羹尧显然还是错估了雍正的性格。这位皇帝当然有感情肆意磅礴的一面,宠幸你时恨不得把全世界最好的东西都赐给你,最好听的话都写给你,这无疑是真诚的;但他一旦心生不满甚至疑虑,这种情绪也会迅速蔓延,将此前史诗般的君臣遇合撇得一干二净,恨不得将你一贬到底甚至碎尸万段。说到底,爱与恨都不知节制,特别是在权力得不到制约的情况下,全凭情绪。

雍正的冷淡,后来跋扈如年羹尧也发现了。年羹尧离开北京后给雍正上了一个谢恩折子,承认自己犯的一些错,同时感谢皇上的宽宏大量。但雍正显然已经不打算宽宏了,他在朱批中意味深长地写道:"凡人臣图功易,成功难;成功易,守功难;守功易,终功难。为君者施恩易,当恩难;当恩易,保恩难;保恩易,全恩难。若倚功造过,必至返恩为仇,此从来人情常有者。"

这算是最后通牒了吧。

之后,雍正和年羹尧的书信来往就进入了各种找茬的阶段,从此后的朱批中,几乎可以梳理出年羹尧是如何被步步逼着走向人生终点的时间线。

雍正三年(1725)年初,年羹尧上贺表颂扬皇帝"朝乾夕惕励精图治",但笔误写成"夕惕朝乾"。雍正抓到这个笔误上纲上线大做文章,直指年羹尧是故意的,"年羹尧自持己功,显露其不敬之意,其谬误之处断非无心"。雍正称,既然年羹尧"不欲以'朝乾夕惕'四字归朕尔",那自己也不必遵守之前的承诺,"年羹尧青海之功,朕亦在许与不许之间未定也"。

简单说,彻底决裂了。

雍正三年四月,年羹尧被逼调任杭州将军,行前发出了"谢恩折",信中虽已有求饶之意,但仍以功臣自居。雍正在朱批中一边说自己不会虐待功臣,一边又暗示年羹尧有反心。在帝制时代,臣子被皇帝说有反意基本就是杀头抄家的前奏了。

随着雍正的步步紧逼，感受到死期将近的年羹尧终于放弃了一切自矜与抵抗，给雍正又上了一个折子，用郑小悠在《年羹尧之死》中的说法就是"这辈子最跌身段的'乞怜折'"。年羹尧求饶乞命说："臣今日一万分知道自己的罪了。若是主子天恩怜臣悔罪，求主子饶了臣，臣年纪不老，留下这一个犬马慢慢地给主子效力"，"除了皈命竭诚恳求主子，臣再无一线生路"。

这个"乞怜折"并没有得到雍正的回应。此后，年羹尧不断上奏，各种认错求饶，但也再没有收到雍正的私信回复。

自尽

雍正三年年底，朝廷议政大臣向雍正提交了年羹尧案审判结果，给年羹尧开列 92 款大罪，请求立正典刑。雍正并不想担上滥杀功臣的恶名，下手谕给年羹尧催促他自裁。雍正在手谕中说，"尔既不肯自尽谢罪，朕只得赐你自尽。尔亦系读书之人，历观史书所载，曾有悖逆不法如尔之甚者乎？自古不法之臣有之，然当未败露之先，尚皆假饰勉强，伪守臣节。如尔之公行不法，全无忌惮，古来曾有其人乎？"，"尔自尽后，稍有含怨之意，则佛书所谓永堕地狱者矣，万劫亦不能消汝罪孽"。

真是此恨绵绵无绝期啊，被杀了还不能有怨气，有怨气就要被咒"永堕地狱"。

冯尔康先生在《雍正传》中说，雍正并不真心相信年羹尧会谋反，更不要说怕年羹尧，这只是杀功臣的欲加之罪而已。纵观雍正处置年羹尧的全程，看似步步为营，其实年羹尧哪里有一分一毫的反制能力，一开始还像硬汉一样死撑着面子，后来就是束手就擒，"唯有看旧日的情分，手下超生"。

冯尔康先生认为，雍正为人自尊心强，又好表现自己，而年羹尧偏偏也不谨小慎微，仗着自己有功劳也为人高调，"使皇帝落了个受人支配的名声，甚至是傀儡的恶名，这是雍正所不能忍受的"。

《年羹尧之死》的第一章取名为"功臣不可为"，用典取自年羹尧门客汪景祺在雍正三年三月写的一篇同名文章。汪景祺的文章大意是：办大事的人，哪有不落一堆小把柄的？功臣自谓是国家柱石、受恩深重，讲话也比一般大臣更直率一些。忠言逆耳，君主自然更不爱听。几下里凑起来，功臣便让君主又疑又畏又怒又厌，他还能有个好下场吗？

话虽然这样说，但郑小悠认为，如果同样的事情放在康熙身上，年羹尧至少不会有性命之忧吧。

这话也没错，康熙不是也没杀鳌拜吗？当然，关于鳌拜谋逆的那些传说，也最多只能姑妄听之了。

延伸阅读：

《年羹尧之死》
郑小悠著，山西人民出版社，2018 年 4 月版

《雍正传》
冯尔康著，人民出版社，1998 年 10 月版

年羹尧　皇帝笔友之死

乾隆

天生的宫斗剧宠儿

1765 年

乾隆南巡途中与皇后

乌喇那拉氏决裂，

原因神秘。

乾隆朝的宫廷，有太后皇帝的母子情深，

有无情最是帝王家的兄弟阋墙，

有命运沉浮的后妃，

有堪比马拉松的储君之争，

后宫有时还与前朝政治纠缠不清……

作为一个宫斗剧的新人，乾隆这几年火得一塌糊涂。

在这个时代的流行认知中，乾隆是那个接力父祖两代"康乾盛世"的盛世之君，是那个与"文字狱"捆绑在一起的阴鸷帝王，是那个喜欢吹嘘"十全武功"的虚荣老者，是那个酷爱在传世书画上题字的"盖章狂魔"……而在电视剧《延禧攻略》和《如懿传》中，乾隆终于成为宫斗剧的男主角。

国人在追剧时也突然发现，乾隆原来天然就是一个宫斗剧男主角啊，以前的宫斗剧怎么就忽视了他呢？多亏了《延禧攻略》和《如懿传》，才帮助我们"重新发现"了这个宫斗版的乾隆。

宫斗剧自然有太多虚构的部分，但以真实历史来看，乾隆本人的情感生活自带八卦体系，乾隆时代则更是有很多深度契合宫斗剧的"特质"。乾隆朝的宫廷，有母子情深的太后，有阋墙的乾隆兄弟，有命运沉浮的后妃，有堪比马拉松的储君之争，后宫有时还与前朝政治纠缠不清……

细细想来，真的没有比乾隆更适合宫斗剧的皇帝了。

太后

乾隆朝的太后是钮祜禄氏，历史上著名的"崇庆皇太后",也是《甄嬛传》中的女主角"熹贵妃",这位太后绝对是个有故事的人。在《延禧攻略》上演时,她还被网友戏称为"上一届宫斗冠军"。

可以说,钮祜禄氏(甄嬛)是将《甄嬛传》和《延禧攻略》这两部宫斗剧串起来的关键人物。

在大清朝的官方记载中,崇庆皇太后(钮祜禄氏)当然是乾隆的生母。但在《甄嬛传》和《延禧攻略》中,钮祜禄氏只是乾隆的养母,乾隆的生母另有其人。特别是在《延禧攻略》中,还有了一个乾隆生母为"嘉兴钱氏"的说法,太后钮祜禄氏将这个秘密隐藏了很多年。

在各种野史中,乾隆的身世之谜素来是一大显学,金庸的《书剑恩仇录》还采用了乾隆为海宁陈阁老之子这个经典的"谣言"。

那么,在历史上,乾隆的生母究竟是谁?

或许只能这样说,大概率仍然是钮祜禄氏,毕竟伪造身世是一个极其繁杂的政治工程,可不是像宫斗剧中那样拍脑袋想当然。

但不得不说,《延禧攻略》中的"嘉兴钱氏"之说倒也不是胡编乱造,而是有史可依的,清宫的原始档案中就有"钱氏封为熹妃"的记录。据此,历史学者金满楼在《皇城秘史》一书中称,钱氏有可能就是钮祜禄氏,雍正给钱氏换了个满人身份;也有可能是毫不相干的两个人,正如《延禧攻略》所说的那样,钱氏这个名字被隐身了,钮祜禄氏"代替"钱氏成了乾隆生母。

无论乾隆的生母是谁,这本身已经带有了强烈的宫斗剧悬疑色彩。最妙的是,你完全可以像《延禧攻略》那样给乾隆来个身世之谜的桥段,然后冷艳地声称:这才是历史的真相。

如之前所说,乾隆生母是谁可能并没有什么猫腻,大概率还是钮祜禄氏。即使宫斗剧采用这一正统说法,仍然有很多故事可以衍生出去。

在历史上,乾隆非常孝顺太后,母子关系极其亲近。在太后生前,乾隆几乎每次出巡都会带着她,光南巡就同游了三次。

可以说,在乾隆的后宫中,崇庆皇太后(钮祜禄氏)很有可能就是最终的大 boss,而由此演绎出来的太后与皇后之争的情节正是宫斗剧最喜欢的。更关键的是,崇庆皇太后一直活到乾隆四十二年,享年 86 岁,是清代皇太后中最高寿的一位,由此,你也可以说,崇庆皇太后对后宫的掌控几乎覆盖了乾隆朝的一大半时间。

这也并非全然出自推测。在历史上,乾隆最后下决心立乌喇那拉氏(也作辉发那拉氏,《延禧攻略》就采取了此说)为第二任皇后,就是出自太后的一力推动,《延禧攻略》倒也采信了这则靠谱的史料。更能显现太后的后宫掌控力的是，乌喇那拉氏后来"被废"很有可能与太后有干系。乾隆曾专门下诏批斗继后的错处，其中专门强调"皇后性忽改常，于皇太后前不能恪尽孝道"。

你看，又是太后，又是婆媳矛盾。好一个"成也太后，败也太后"的精彩细节，这不是天然适合宫斗剧发挥的真实历史素材吗？就算把这一段拍成了太后在宫斗中击败了皇后，上届宫斗冠军完败本届宫斗冠军，也算是有历史根据吧？

有这么兼具身世之谜与权斗冲突的太后，乾隆朝的后宫能不精彩吗？乾隆时代的甄嬛，完全可以与《甄嬛传》中的她一较宫斗高低了。

兄弟

在宫斗剧中，帝王的兄弟之争似乎是一个必不可少的套路。比如《甄嬛传》中有雍正十七弟果亲王允礼作为"第三者"的出现，《延禧攻略》中有乾隆之弟和亲王弘昼的篡位阴谋。

当然，"第三者"和篡位阴谋都是假的，但乾隆朝的帝王兄弟关系的确有不少料可以挖，有不少史实可以一路延展成宫斗剧情。

在历史上，排行老四的弘历有九个异母兄弟，弘历即位成为乾隆后，还在世的兄弟只有五弟弘昼和十弟弘曕。

弘昼仅比弘历小四个月，他俩从小生活在一起，同吃同住，同师读书，朝夕相处，可谓手足情深。但乾隆即位后，君臣之隔压倒了兄弟情，两人的关系变得诡异了起来。

《延禧攻略》倒是没有乱说，乾隆的确一度很放纵弘昼，弘昼曾因和军机大臣讷亲闹矛盾，当众殴打讷亲这个乾隆朝前期第一宠臣，乾隆目睹了整个事情的经过，既不怪罪，也不出声阻止。

本性骄狂的弘昼还曾对乾隆闹过小性子，说过一些在帝制时代算得上"大不敬"的话，多亏了傅恒好心提醒弘昼（果然是《延禧攻略》中那个暖男啊），弘昼这才惊慌失措地去找皇帝哥哥请罪，乾隆貌似不经意却又不无恫吓地说了一句："如果我答复一句，我们顶撞起来，你就该粉身碎骨了"。

这是多么好的宫斗剧素材啊。

在乾隆的敲打之下，弘昼逐渐变成了一个"饱食终日无所用心"的浪荡子，当然，也有人将这解读为收敛锋芒的避祸之举。弘昼在家里养着戏班子，自己改写戏文，亲自上台弹唱；弘昼在历史上最有名的荒唐举动是，弘昼喜欢装成活死人，一遍遍地排练演习自己的葬礼，亲人奴仆哭得越投入，他越开心。

乾隆三十五年（1770），弘昼因病身亡。没有任何证据证明，弘昼是死于政治斗争，至于说弘昼和继后乌喇那拉氏有私情，那就完全是《延禧攻略》的促狭发明了。

十弟弘曕的故事倒是没有那么多，但却也很宫斗。

在《甄嬛传》中，弘曕才是甄嬛的亲儿子，甄嬛不想让弘曕卷入残酷的政治斗争，只想让他做个岁月静好的快乐皇子。

而在历史上，弘曕和太后倒是没有什么亲子关系，但他的确如甄嬛所愿，成了个胸无大志的闲散王爷。颇有戏剧性的是，弘曕十分贪财，运用王爷的特权疯狂敛财，甚至还卖官鬻爵，当然，他干预朝政只是为了钱。

而且，弘曕和乾隆倒是真的有过"兄弟失和"。乾隆越看贪财的弘曕越不顺眼，不断地敲打他，有一次动了真怒，将弘曕由郡王降为贝勒，罢免了所有官职。

谁知道，被皇帝哥哥打闷了的弘曕此后一蹶不振，闭门不出，后来还一病不起。病危时，乾隆亲自来看望弘曕，一向刚愎自用的乾隆表示出了极为痛悔的心情，一边呜咽，一边拉着弘曕的手忏悔说：哥哥因弟弟你年少不懂事，因此教训得稍微严厉了一点，想不到你会因此得这样重的病。

乾隆很快就下令恢复弘曕的郡王爵位,但弘曕还是很快于乾隆三十年去世了。

如果按照《甄嬛传》的逻辑去拍,有没有点乾隆刻意逼死太后亲子,以绝后患的意思?

后妃

乾隆一共立过两位皇后,一位是结发妻子富察皇后,逝世于乾隆十三年(1748);一位是乌喇那拉氏,也就是《延禧攻略》中佘诗曼演的那位"继后",《如懿传》中周迅饰演的女主,她是在乾隆十五年(1750)被立为皇后,乾隆三十年(1765)南巡途中突然"被废"(严格说来是"不废而废"),次年便在痛苦中去世。

《延禧攻略》没说错的是,富察皇后还真是乾隆一生的"白月光",中国历史上像乾隆与富察皇后这样完美的帝王夫妻关系的确很罕见。

既然是很罕见,就很天然带有戏剧性。在《延禧攻略》中,帝后 CP 被网友作为该剧的第一个热点反复热炒,网友似乎是第一次知道,后宫剧中竟然可以有如此真挚的感情。

不过在历史上,富察皇后不是《延禧攻略》中那样自杀身亡的，是在南巡途中在济南不慎染病而逝的，当然，这应该和她在皇子去世后的大受打击也很有关系。

富察皇后去世后，如张宏杰先生在《乾隆：政治、爱情与性格》一书中所说，对富察皇后的思念，成了"乾隆后半生感情生活的主旋律"。

因为富察皇后，乾隆再也没有去过伤心地济南，南巡时刻意避开；为了富察皇后，乾隆写了100多首悼亡诗；为了富察皇后，乾隆八十岁了还来到发妻坟前，一心想活到百岁的他，竟然触景生情说出了"我想早点和你团聚"这样不吉利的话。

更别说，为了富察皇后之死，乾隆性情大变，施政风格发生了巨变，动辄大开杀戒，彻底结束了他与大清官员之间的蜜月期，从"宽仁风"开始回归父皇雍正的"严峻风"，这一年，也就是著名的"乾隆十三年"，成为乾隆时代的重要转折点。

富察皇后死后，乾隆为何变了一个人，宫斗剧一定可以挖出一个巨大的阴谋；后宫深刻影响了前朝政治，这又是一个宫斗剧可以好好着力发挥的点。

第二位皇后是乌喇那拉氏，可以说，乾隆立她只是因为"大清朝需要一位皇后"，恰好乌喇那拉氏条件符合，而不是乾隆有多么爱她。

乌喇那拉氏尽管看似上位之路顺风顺水，也为乾隆生下两位皇子、一位公主，但实际上她从未获得乾隆的真正宠爱，富察皇后去世后，乾隆的人生可能再也没有了爱情。而在以乌喇那拉氏为主角的《如懿传》中，她被演绎为乾隆最爱的女人，和乾隆一起经历了爱情幻灭的过程。

更重要的是，没有爱也就罢了，乾隆与乌喇那拉氏的感情也说不上和睦，后来帝后反目时也暴露出双方其实早有积怨。

乾隆三十年（1765），乾隆在南巡途中突然与继后失和，据说乌喇那拉氏不可思议地剪掉了头发，而满人只有在家中老人去世时才会剪发，引得乾隆大怒，虽未正式废后，但从此形同打入冷宫。

而积怨是什么，究竟为何失和？对此，历史上并未有明确记载，而此种"空白地带"正好可以留待宫斗剧尽情发挥了。

一些野史的说法倒是很"宫斗"，据说在南巡途中，乾隆临幸了多位江南美女，还试图将其中的一位带回宫中给个位分。皇后听说后，或是妒火中烧，又或是"出于公心"地想劝阻乾隆，不要有违汉女不入宫的祖制，总之皇后是和乾隆为了江南美女起了严重的冲突，最终导致了乾隆的总爆发。

尽管失和原因成谜，但乾隆此后对乌喇那拉氏的极度痛恨是显而易见的，完全看不出还留存有什么夫妻情分。当乌喇那拉氏于乾隆三十一年去世时，乾隆并未以皇后的规制来举行葬礼，仅仅以"嫔"的规格来安葬，日后也并未随葬乾隆的裕陵，在礼制上进行了等同于废后的严重打压，按照流行的说法是，"不废而废"。

乾隆对乌喇那拉氏的评价更是十分凉薄，"举动尤乖正理，迹类疯迷"，活脱脱一副女疯子的形象。而《延禧攻略》显然也刻意沿用了乾隆的说辞，强化着继后"发疯"的人设。

但可能就是由于命运多舛，乌喇那拉氏成为清宫剧出镜最多的皇后，不过人物形象多以负面为主，特别是《还珠格格》中的恶皇后形象，几乎成了一代人心中的梦魇。

《延禧攻略》的女主角是魏璎珞，但这个名字在历史上其实"查无实据"，史书上只简单地留下一个"魏佳氏"，不过这也算正常，清朝几乎所有的后妃，包括尊贵无比的皇后，在史书上都很难留下名字。

魏佳氏比富察皇后小15岁，比乌喇那拉氏皇后小9岁，乾隆十年时刚刚被封为魏贵人，富察皇后去世的乾隆十三年，魏佳氏才刚刚被晋封妃位，成为我们现在熟悉的"令妃"。

乾隆自然是喜欢令妃的，否则也不会和她在十年内连生六胎，足见宠幸之多，乾隆三十年时还将她封为皇贵妃，大清朝后妃序列中的"二把手"，仅次于皇后。但要说"爱"的话，前面说了，乾隆把所有的爱都给了富察皇后，令妃也没有得到。令妃只能说是最接近"爱"的后妃吧。

至于令妃为何没有成为乾隆第三任皇后，可能有三个原因。第一，乾隆心目中的皇后只有富察皇后一人，惹乾隆大怒的继后"被废"之后，乾隆对立后一事更加心灰意冷；第二，令妃被晋升为皇贵妃之后，担负起了"母仪天下"主理后宫事务的重任，虽无皇后之名，但却有皇后之实，乾隆也无谓多此一举；第三，令妃之子永琰，后来被乾隆秘密立为皇储。乾隆在此前后如果立令妃为皇后，就近乎泄漏了秘密建储的人选。

在乾隆将所有感情都留给了富察皇后之后，令妃为何可以异军突起赢得乾隆的青睐，为何可以迅速接管乌喇那拉氏"被废"之后的后宫权位，为何可以获得太后的认可，为何可以受宠长达二三十年而不衰，为何可以让自己的儿子成为帝国继承人，史书上并没有给出答案，这又轮到宫斗剧出场"填补空白"了。

你要说这真如《延禧攻略》中那样充满神迹一般的戏剧性，明眼人肯定不信；但你要说这其中平淡如水，什么都没发生，我也一百个不相信。

乾隆

天生的宫斗剧宠儿

真当大清后宫是过家家了？

更别说，令妃和充满传奇光环的"香妃"（容妃）在后宫中还有十几年交集，高手对招啊，这其中的可演绎之处那就多了去了。可惜了，《延禧攻略》只是蜻蜓点水。

皇子

在我看来，令妃在历史上最重要的存在感未必是她在后宫内有多受宠，反正乾隆也并不真心爱她；或者说曾经做到了皇贵妃这样的高位，反正也没成为皇后；而是在于，她生下了十五阿哥永琰，也就是未来的大清皇帝嘉庆。

乾隆一生一共生了十七位皇子，十位公主。皇位能被永琰拿到还真主要是靠运气，而不是永琰从小就有多么英明神武。

乾隆是个正统观很强的皇帝，一心想把皇位传给富察皇后生的嫡子，但奈何被乾隆夫妇寄予厚望的皇次子永琏9岁时就病死了，皇后所生的第二个皇子——皇七子永琮则更是只活了20个月。富察皇后不久后也部分因为悲伤过度而撒手人寰，乾隆的嫡子梦就此碎了。

当两个"嫡子"相继去世之后，五阿哥永琪一度成为乾隆最喜欢也是最给予厚望的皇子，这一点，《还珠格格》和《延禧攻略》在大方向上倒是没有乱说。

永琪年少时便精通满语和骑射，而这正是乾隆及大清皇室最为重视的两项技能，被视作满人打天下、保天下、维持民族特性的看家本领，因此也让永琪在乾隆心目中得分甚多。

还有个野史流行的说法是，乾隆二十八年，乾隆在圆明园时恰逢火灾，时年22岁的永琪此时表现出为了君父不惜性命的勇气与忠诚，亲自将乾隆从着火的宫殿中背出，让乾隆深受触动。

两年后，乾隆将只有24岁的永琪晋封为"荣亲王"，永琪也成了乾隆诸子中生前第一个得到亲王封号的。

但凡有点政治眼光的人此时应该都看出来了，永琪很可能是乾隆属意的帝国储君了。

但让乾隆没有料到的是，永琪活得也不长，乾隆三十一年（1766）便已早早去世，年仅25岁。

由此，乾隆已经接连丧失了三位属意的帝国继承人。你看，这是一个多么符合宫斗剧气质的"阴谋论"啊，三位有望继承皇位的皇子都去世了，特别是永琪，封亲王即去世，谁是那个潜伏在宫中数十年的主谋啊！

永琪去世留给乾隆最大的难题是，皇子中已经没有特别优秀的"好苗子"了。在康熙晚年，是因为出色的皇子太多,才让康熙对继承人问题头疼不已,而乾隆则遇到了一个完全相反的问题,根本找不到出色的儿子。

另外一个很现实的问题是,乾隆实在太高寿,活了八十九岁。按照当时皇族的平均年龄,五十多岁已经算得上高寿。

乾隆的很多儿子,都在乾隆生前就纷纷"到点"去世了。我们如果以乾隆最喜欢的嫡子永琏为例,他生于雍正八年(1730),即使幼年不夭折,他也基本不可能活到乾隆去世的1799年,即使活到这一年,永琏已经69岁了,要知道,除了乾隆之外,大清朝活得第二久的皇帝就是康熙了,刚好69岁。

再以永琪为例,他出生于乾隆六年(1741),1799年时他也58岁了。你说,即使能活到58岁那么久,乾隆放心把江山交到一个随时可能到点驾崩的皇子手中吗?

事实上,到了乾隆晚年,也就5个儿子还活着,皇六子永瑢、皇八子永璇、皇十一子永瑆、皇十五子永琰和皇十七子永璘。

在这么小的范围里面,永琰倒是真有点"脱颖而出"了,他有三个相对的优势。第一,永琰年轻,乾隆二十五年才出生,此时,乾隆已经50岁了;第二,永琰虽然平庸,但身上没什么明显的硬伤,不像十一子永瑆虽然文采出众,却过于文弱,而十七子永璘不好读书,喜欢寻花问柳;第三,永琰的母亲是令妃,最高曾做到主理六宫的皇贵妃,多少也有点"子以母贵"的政治光环。

　　永琰上位究竟和令妃有无关系,这又是一个史书中的空白之处,宫斗剧不上更待何时? 更有话题性的是,永琰那么平庸,是怎么被乾隆看上的,按照宫斗剧的逻辑,背后一定有高人。

　　后宫中的乾隆,一生经历了这么多恐怖无情的宫斗与政治阴谋,竟然还活了89岁,当了60多年皇帝(太上皇),真正是宫斗之王了。

延伸阅读:

《皇城秘史:乾隆和他的妃子们》
金满楼著,山西人民出版社,2016年6月版

《乾隆:政治、爱情与性格》
张宏杰著,人民文学出版社,2018年2月版

《乾隆十三年》
高王凌著,经济科学出版社,2012年6月版

《乾隆帝及其时代》

戴逸著,中国人民大学出版社,1992 年 8 月版

《乾隆帝》

［美］欧立德著,青石译,社会科学文献出版社,2014 年 5 月版

咸丰

当庸人遇见大时代

1860 年

咸丰为英法联军所逼，

"北狩"承德避暑山庄。

如果咸丰不是"英年早逝"，

后期和曾国藩少不了各种掰手腕捅刀子，

也会为最终平定太平天国增添各种不确定性。

道光三十年(1850)正月十四日，69 岁的道光帝旻宁驾崩，未满 19 岁的四皇子奕詝继位，是为咸丰帝。

　　即位不到一年，洪秀全在广西发动金田起义，太平天国一出生便是如日中天，大有鼎革之势，尽管咸丰使出浑身解数来应对，奈何大清朝从军队战斗力到官员素质操行都全面下降，一直到咸丰于 1861 年 8 月驾崩，太平天国起义仍未镇压下去；太平天国一波未平，1856 年 10 月英法联军又以修约为由出兵中国，1860 年 9 月更是攻入北京，咸丰被迫"北狩"避暑山庄，从此再也没回到北京，一年后驾崩于承德。

　　如茅海建先生在《苦命天子》一书中所言，"咸丰帝奕詝当了 11 年的皇帝，没有过一天安生的日子……内忧外患，遍地硝烟"。

　　咸丰绝对算不上一个昏庸或暴虐的君主，只能算是一个才具平平且坚韧不足的庸人，在承平时代，或许还能像父亲道光那样做个蹩脚的裱糊匠得过且过，运气好还能做个面目模糊的太平天子；但在咸丰所处的那个风起云涌的大时代，非审时度势的一代英主不能力挽狂澜，咸丰的在位，无论对大清朝还是他个人而言，都是一个悲剧：在天下糜烂而无力收拾的痛苦中，用醇酒美人麻醉自己的咸丰只活了 30 岁。

　　在咸丰的政治人生中，以下的 6 个人，或是师徒，或是父子，或是君臣，或是兄弟，他们与咸丰的互动纵横，共同定义了这个"苦命天子"。

道光：父与子

与儿子奕詝一样，道光帝也是中人之资，不能再平庸的皇帝。道光朝经历的最大冲击无疑是鸦片战争。坦白地说，对于当时的中国人所掌握的思想资源而言，换一个皇帝也未必能比道光帝在鸦片战争中做得更好；在英国人的坚船利炮面前，道光帝无论重用谁，主战派林则徐也好，主和派琦善也好，对战争结果都不会产生根本性的差别。

如果说道光帝对鸦片战争之败不用担负太多个人责任的话，那么《南京条约》签订之后的 8 年，清帝国的不思进取和拒绝变革就全然是道光的个人之失了。也就是说，打败了不是你的错，打败之后你还是苟安姑息就怎么也无法圆过去了。试想，如果道光奋然跃起，就将把中国近代化改革时间整整提前 20 年，也不用到了 1860 年代之后再次被痛击后才启动变革。

可以说，少年奕詝对这政治败坏的苟安 8 年也深恶痛绝，他继位之后仅 8 个月，做的第一个重大决定就是罢黜了担任首席军机大臣长达十余年的穆彰阿,以示和这个死气沉沉的 8 年做一彻底切割。

可以说,咸丰对父皇当政后期的弊政是清楚的,也有决心励精图治,实现大清中兴。

但是,除了共同的平庸之外,咸丰和道光在政治性格上其实有一点也是共通的,那就是面对失败严重缺乏坚韧性,最终陷入得过且过。

这一点,在咸丰刚继位时还看不出,相反,这还是他坚决反对的。但是,在太平军一路从广西打到南京的过程中,原本还有些自命不凡的咸丰对自己越来越缺乏信心,逐渐从勤政变成怠政,特别是在被英法联军赶出北京之后,可以说咸丰力挽狂澜的意志彻底被击垮,不理朝政,连带也放弃了自己,用晚清笔记的说法就是:“咸丰季年,天下糜烂,几于不可收拾,故文宗以醇酒美人自戕”。

可以说,活到最后,咸丰才发现,他其实终其一生都没有走出传承自父亲的那些政治基因。

而这一点,你甚至可以说道光是有“预判力”。道光之所以选中奕詝,除了奕詝师傅杜受田那些传说中的奇计之外,在某种程度上也算是选择“类己”的结果。在道光的政治认知中,孝道高于才识,仁义强于事功,才华横溢的六子奕䜣就这样败下阵来。

道光想为大清找一位守成之君,他认为一切的政治

咸　丰

当庸人遇见大时代

答案都在儒家经典和因循祖制之中，因此，他选中了咸丰。但他不知道的是，大清朝正经历"千年未有之大变"，天下已无成可守，选一个像自己这样的平庸君主注定是一个代价巨大的错误。更何况，儿子的运气比自己更差，内有太平军，外有洋夷，这又哪里是"守成"可以守得住的。

所谓帝王的才具，不仅仅是说已有的学问、眼光和政治实务能力，更意味着，在面对不可逆的时代变迁时，你是否能够主动拥抱变革，破除阻碍地推动变革，乃至稳妥地完成变革。

从这个意义上来说，道光和咸丰都是再平庸不过的君主。

杜受田：早亡的帝师

19 岁的咸丰接过了道光留下的烂摊子，老师杜受田是他最大的依靠。

杜受田是一位合格的老师。用茅海建在《苦命天子》中的说法就是，"奕詝登基后朱批朱谕的文字功力在清代诸帝中还属中上，字也写得不坏，对儒家礼教和清代制度均为熟悉。考虑到奕詝智商平平，杜受田的功绩实不可没"。

咸丰登基后,杜受田成了他的心腹大臣,我们有理由相信,在如罢黜穆彰阿这些重大决策之中,杜受田是除了咸丰之外最关键的人物。

从帮助咸丰夺嫡的步步为营就可以看出,杜受田的忠诚与才具都是上佳的,咸丰选中他做即位后的股肱之臣无疑是最适合的。

但杜受田也有一个明显的缺陷,如《苦命天子》所说,"杜受田本人的最大缺陷是缺乏实际经验",杜受田从未做过地方官,对具体政务非常陌生,就是在做京官生涯中,他也未在实际操作层面的司官一级工作过,更何况,他的主要精力都是放在教育奕詝上。

杜受田对儒家经典心得颇丰,而他的政纲也是读史之人一点不陌生的,无非就是引经据典,在儒家经典和大清祖制中寻求解决办法;政治的崩坏主要是朝中缺少忠臣,人主轻信奸臣的结果,只要积极提拔忠臣、罢黜奸臣,按照儒家经典办事,则天下大治可望。但正如茅海建所说,"只有做过具体工作的官员方能体会到儒家理论与实际工作有多么遥远的距离"。

于是乎,咸丰登基以后的几个大动作,都洋溢着浓浓的儒家范,大义有余,操作性不足。比如,罢黜穆彰阿是"远小人";比如,下诏求言求贤,是广开言路、寻找忠臣;比如,面对太平天国前线屡战屡败的危局,只知频频

咸丰 当庸人遇见大时代

罢官换人。

任何政治经验都是可以慢慢磨炼出来的，以杜受田的人品和悟性而言，有理由相信，只要给予他充足的锻炼时间，杜受田会越干越好。

但问题是，1852年夏，杜受田在视察江苏灾区时染病去世，距离咸丰继位刚两年多。

现在，21岁的咸丰得独自一个人来面对愈演愈烈的天下乱局了。恩师去世后，咸丰颁下谕旨称，"倘能久在左右，余时事艰虞，多有补救"。

不过，在几年后即将爆发的第二次鸦片战争中，咸丰还有机会用老师教他的"儒家大义"来应对，最终，恰恰是老师的"遗教"将咸丰朝引向了不可收拾的天下崩坏。

叶名琛：皇帝的代理人

在对外事务上，咸丰最信任的人是两广总督叶名琛。相比备受猜疑的曾国藩，咸丰对叶名琛的倚重和放权甚至已经到了"言听计从"的地步。此种信任一直持续到1857年1月5日，这一天，叶名琛做了英法联军的俘虏，留下了所谓"不战不和不守，不死不降不走"的昏聩之名。

咸丰为何如此信任叶名琛？究其根本，是咸丰对西洋事务毫无了解，无法"朕躬独断"但又要求甚高：既不可以引发大规模战争，又不能对洋人做任何让步。

偏偏叶名琛自命驭夷有术，又特别有责任心，就这样舍他其谁地成为咸丰朝的南天一柱。

坦白地说，就咸丰基于无知而生出的不可理喻之要求，放眼整个大清朝，也没有任何人可以做到。叶名琛事败之后三年多，英法联军才攻入北京，其间清廷使出浑身解数，和也和了，打也打了，最终还是一败涂地，直至丢掉了北京，这总不会是叶名琛的责任了吧？

回头检讨第二次鸦片战争爆发的责任，其间自然有英法联军"欲加之罪"和"找茬"的因素。你只要不满足他们的要求，这仗就很难不打，给点钱糊弄是糊弄不过去的；而只要打，就必然战败，这就很难说是叶名琛或者谁的责任了，此时双方的装备差距甚至还要大于 1840 年时，清军仍然是一支以冷兵器为主、蹩脚热兵器为辅的古代军队，还苦于两线作战，面对的却是一支装备比 1840 年时还要精良的近代军队，尚武精神仍在的僧格林沁不能说是不能打吧，还不是一败于大沽口、二败于张家湾、三败于八里桥，你让文官出身的叶名琛"谈笑间，樯橹灰飞烟灭"？

叶名琛当然有自己的问题，自居熟悉洋务却又一知半解，以为英法联军不想真打，以为在没有实力的情况下，靠坚忍可以"混"过去。叶名琛最大的失误却是在于，尽力在满足皇帝不可能完成的要求，让咸丰和整个帝国认为事有可为，叶名琛可战，叶名琛可和；而不是凭借皇帝对自己的信任，慢慢说服咸丰早做适度的让步。

这样对叶名琛，是不是要求过高了？咸丰虽然才具不足，却在对外事务上异常固执，他选择叶名琛可能就是因为他能够充分满足他的"不可理喻"，一旦叶名琛自行其是去主和，这种信任可能转瞬即逝。

甚至可以这么说，叶名琛在对外事务上的认知能力和咸丰是类似的保守固化，只是因为才具远胜于咸丰，一线办事经验远胜于咸丰，又勇于任事，才在某种程度上被咸丰视作"代理人"，这才成就了咸丰和叶名琛这一段的"君臣相遇"。

而此种基于共同认知缺陷的"君臣相遇"，既毁了本有成为名臣潜力的叶名琛，也毁了昧于世界大势却又自以为是的咸丰帝。

肃顺：湘军的伯乐

肃顺的上位过程有点像和珅，也是侍卫出身，在机缘巧合之下被皇帝看中。

如果说叶名琛是咸丰在"夷务"上最信任之人的话，那么肃顺则是咸丰在内政上最倚重之人，特别是在咸丰朝的后半期，肃顺是无人可以争锋的权臣。

尽管肃顺后来在"辛酉政变"中被杀，落得种种恶名，但正如茅海建先生所说，"不论肃顺如何擅权弄势，他都是清朝最好的'宰相'之一"。

肃顺对咸丰朝最大的功绩在于，在作为大清朝基本武力的满蒙八旗日益腐化，无法担任平定太平天国主力军的历史时刻，肃顺凭借咸丰对他的宠幸，顶住了各种政治压力，大力推动赋权曾国藩、左宗棠等汉臣，成为大清朝日后平定太平天国的"幕后英雄"。

如果不是肃顺的力挺和一力保全，曾国藩在咸丰的打压下可能始终大志难伸，而狂傲的左宗棠则早在内部的政治倾轧中被杀掉了，何谈日后的"同治中兴"和"中兴名臣"？

其中最有趣的是，倚重满人、防范乃至打压汉臣，其实是咸丰本人的圣意，肃顺能迅速上位也部分要"归功"于咸丰的这一国策。但肃顺上位后，却偏偏利用了他高超的政治手腕，竟可以做到在不让咸丰感到不快的同时，重用湘军和汉臣。虽说其中不无玩弄皇帝于股掌之间的意思，但我还是想以历史的后见之明赞一句："肃老

咸丰 当庸人遇见大时代

六,干得漂亮。"

权术用到了该用的地方,又有什么好批评的呢? 再说,这也是肃顺一贯的政治观点,他最有名的话不就是那句"咱们旗人混蛋多,他们懂什么?"

当然,肃顺的才华和开明主要体现在内政上,在对外事务上,他的水平至少不比叶名琛更高,肃顺的那些源于传统思想资源的高超权术也悉数失灵了,联军进京,皇帝狼狈北狩,你作为帝国头号权臣自然也是难脱责任。

据说肃顺算是对外事务的强硬派,但这个身份总不能成为护身符吧?

曾国藩：被猜忌的湘军之父

咸丰与曾国藩,颇有些相互看不上,却不得不合作的意思。

咸丰即位之初,曾国藩便给皇帝上了一道惊世骇俗的《敬陈圣德三端预防流弊疏》,语调激烈地批评了咸丰的三个"流弊":过于注重小节,有"琐碎"之风;"徒尚文饰",注重虚名;刚愎自用,骄矜自是。

咸丰为人脆弱敏感,自尊心特别强,看了曾国藩的这道奏折之后大发雷霆，一度准备治罪，后来虽然在群臣的劝告之下作罢，但从此与曾国藩结下了梁子，在日后的岁月里不断给他小鞋穿。

正如张宏杰在《曾国藩传》中所说，这次上疏也有某种正面效果，显示了曾国藩直道而行的书生本色，"为他赢得了很高的政治声望"。

被记仇的皇帝惦记上也就罢了，咸丰与曾国藩之间的更大矛盾还是来自咸丰对湘军这支半官方军队的猜忌和打压，说到底，咸丰还是不信任汉人。

因此，我们可以看到咸丰与曾国藩这样一种相处模式。咸丰为了对付太平天国，不得不用曾国藩和湘军；但只要战事一顺利，就回过头来打压湘军，尽量不给曾国藩太多实权。1857年，咸丰甚至还找碴彻底夺了曾国藩的权，打发他回乡；等曾国藩下野了，前线战事又失利了，实在无人可用的咸丰才发现对付太平军不能没有曾国藩，又要起用他；但还是不愿意授以全权，直到局势进一步恶化，咸丰才被迫放下猜忌，授以曾国藩两江总督，这才成就了湘军的传奇。

但凡咸丰手上还有可用之军，他也不会去给湘军机会。或者说，他只是在太平军与湘军、洪秀全与曾国藩之间，两害相权取其轻罢了。

在咸丰与曾国藩的暗战中，咸丰固然是各种私心和

咸　丰　当庸人遇见大时代

算计，而本性过于刚强的曾国藩对咸丰也未必都是处处恭顺，时时惹得咸丰大怒，进一步恶化了两人的关系。从内心里，曾国藩已经将这位皇帝的才具和胸襟看扁了，他对咸丰的忠诚，已经鲜少私人层面的君臣相遇，可能只是出于一个正统儒家士大夫对皇权体制的尊崇而已。如果不是肃顺在两人之间的调和，"见小不见大"的咸丰可能到最后也不会对曾国藩让步，那就真的是大清之悲、天国之幸了。

可以想见，如果咸丰不是"英年早逝"，后期和曾国藩还少不了各种掰手腕捅刀子，也会为最终平定太平天国增添各种不确定性。

对于曾国藩和湘军而言，与像慈禧太后和恭亲王这样的聪明人合作，才是真正的君臣相遇吧。不然，太平天国能否在 1864 年平定，难说。

恭亲王：皇兄的夜壶

在咸丰朝，恭亲王奕訢在大多数时间是靠边站的。这也很容易理解，咸丰怎么会去给这位储位竞争对手太多机会呢，更何况奕訢的资质是要强于咸丰的，对此咸丰虽然未必会承认，但由此产生的忌惮和防范之心是客观存在的。

但在两次危急时刻,无人可用的咸丰还是想到了奕䜣。

第一次是 1853 年秋,太平天国的北伐军逼近北京,咸丰不惜违反亲王不入军机处的祖制,启用奕䜣为军机大臣,这自然不是因为咸丰有多么器重奕䜣,而是说明了当时局势已经恶化到何种地步了,咸丰才想到了打虎亲兄弟。

从 1853 年 11 月到 1855 年 9 月,奕䜣在军机处待了近两年。用茅海建先生的说法就是,"他虽然没什么政治经验,但凭着他的几分才华,加上兢兢业业和小心翼翼,竟然也帮着咸丰帝渡过了难关"。

但就在 1855 年秋,因为奕䜣"强行"为病逝的生母(也是咸丰养母)争皇太后的名分,被惹怒的咸丰革去了奕䜣军机大臣等职务,发回上书房读书。

当然,你也可以理解为这是一种"鸟尽弓藏"。就在这一年 5 月,太平天国的北伐军全军覆没,奕䜣已经失去了"救急"的价值。

这一赋闲就是 5 年之久。

第二次是英法联军兵临城下。1860 年 9 月,咸丰逃离北京之时,任命奕䜣留在北京处理这一大摞烂摊子。这样看来,奕䜣也就是被咸丰当作了自己的"夜壶"。

尽管奕䜣后来以洋务及擅长和外国人打交道闻名天下，但他的这些能力和眼光部分也是被"逼"出来的，如果不是英法联军占领了北京，清军一败涂地，恭亲王也未必会变得身段如此柔和。

从与英法联军的谈判来看，奕䜣并没有体现出什么超越同时代大清官僚的高明之处。对外无知和保守是当时整个大清朝廷的共同特质，换成一开始也是主战派的恭亲王也不会好到哪里去。奕䜣的洋务能力是在战争惨败之后才慢慢锻炼出来的，他固然天资不错，但你指望他超越时代，一开始就对洋人和洋务有超前的认识，也是不现实的。

如茅海建所说，奕䜣的天资是体现在谈判之后，"这一位年仅27岁的青年，表现出极高的悟性、好学精神和接受新事物的勇气"。

在日后的"同治中兴"中，奕䜣才淋漓尽致地展现出了他的才华。

而此时身在避暑山庄的咸丰呢？寄情于酒色之中，似乎只有如此才能让他不用去面对大清天下的糜烂。我相信，直到驾崩前的那一刻，他仍然不知道自己错在哪，仍然生活在天朝上国的华夷秩序幻梦中，不知悔改。

从这一点来说，道光当然是选错了接班人，而只活到30岁的咸丰可以说也是受害者之一。

延伸阅读：

《苦命天子：咸丰皇帝奕詝》
茅海建著,生活·读书·新知三联书店,2006 年 4 月版

《重读近代史》
朱维铮著,中西书局,2010 年 8 月版

《曾国藩传》
张宏杰著,民主与建设出版社,2019 年 1 月版

《战天京：晚清军政传信录》
谭伯牛著,北京联合出版公司,2014 年 11 月版

《两广总督叶名琛》
[澳] 黄宇和著,上海书店出版社,2004 年 2 月版

咸丰　当庸人遇见大时代